遺産分割の調停読本

遺産分割の調停読本

平柳一夫 著

法学の泉

信山社

はしがき

本書は初版が出てからすでに四年、新版の刊行からも二年を過ぎた。その間、司法制度改革審議会の意見書が発表になり、司法制度の人物基盤の充実、分かり易く利用しやすい司法制度の構築、国民の司法参加が強調されている。そのどれもが家事調停に深くかかわっている。そこには本書初版のはしがきとあとがきに述べた危惧が鋭く指摘されている。この改版は、その指摘を意識しながら大きく加筆・訂正を加え、家事調停中もっとも困難な遺産分割調停の実務のあり方に迫ろうとしたものである。本書が三たび多くの実務家をはじめ一般読者の方々に迎えられるならば幸いこれに過ぐるものはない。

この改題新版では、第一に、個々の紛争形態の取扱いにとくに重点を置いて項目を充実させた。そこには、私ども東京家庭裁判所の家事調停委員がその経験を持ち合って平成八年から一一年の三年間にわたって家事審判官とともに実務上の討論を尽した論点も私見を加えて記述させてもらった。また、第二に一般読者の求めに応じて、表現もできるだけ分かりやすく書き改めたものである。一方、調停委員が行う事前の事実の調査は東京家庭裁判所では最近行われることがほとんどなくなった。その理由は、本書のその部分の冒頭でその方法についていくつかの批判をしたけれども〔第一部第七章〕、改善されることなく推移した結果のことと思われる。しかし、記述した内容は遺産分割調停の初期段階での家事調停委員の事実の把握のあり方と事実の整理のために、なお残すべき余地もあると考えてこの改訂版ではあえてそのままとした。

終りになったが、実務討論について有力な助言を賜った各家事審判官及び今村信子氏、中村好子氏の両家事調停委員に深く感謝申し上げる。また、これまでどおり信山社今井貴氏には格別のご配慮をいただき感謝にたえない。

平成一三年　子供の日

著　者

新版はしがき

本書は平成九年五月公刊以来、幸いに家事調停にたずさわる実務家の方々をはじめ、一般読者の好評を得てここに再版の運びとなった。これも国民一人一人の権利意識の高まりが、いかにして自らの権利を自らが守るかということに向けられ、それが最近は相続にもつながって来ているからであろうと思われる。

旧版を改めるに当たっては、表現の不適切であったところ、あるいは不十分なところを全面的に改め、さらに、実務上多くのケースで争われる被相続人名義の預貯金や貸金庫開扉請求権並びに債務について増補し、そのほか海外居住者の特定の遺産（現金、預貯金）取得希望の取扱い問題はじめ調停の現場に現れる事例のいくつかの対応についても書き加えてより充実した内容に改訂した。また、書名も『（新版）遺産分割調停必携ハンドブック』と分かり易くした。

しかし、この改訂に当たっても読みやすさを考えてあえて法令条文と参考裁判例を具体的に示さなかったことを諒とされたい。

遺産分割調停の実務に当たられる方々がより一層本書を活用されることになれば幸いこれに過ぎる

ものはない。この度の改訂に際し再び賜った多くの方の御教示に感謝の意を捧げる。

平成一一年三月一三日

著　者

初版はしがき

遺産分割調停事件は、全国でみると最近は、家庭裁判所の取り扱う全調停事件の八パーセント強を占めている。家事調停委員にとっては、遺産分割調停事件は、夫婦関係調停事件などの他の家事調停事件と比較して、最も難しい事件の一つとされている。たしかに、当事者の数の多さ、その間の骨肉の愛憎からくる人間関係の複雑さ、法律問題の多岐にわたる分化をひとつひとつ解きほぐしながら解決してゆくには、当事者から提出される数多くの資料を読みこなす準備から始まって、その整理、次回期日の直前の前回までの経過の自分の手控えの復習の労力、法律上の問題点の調査に要する裁判例や先例の知識の習得、あるいは、遺産分割調停事件に特有の当事者間の感情、駆引きを見抜きこれに対応する技術を身に付けることなど、どれひとつとってみても、基礎的な素養なくしては、到底遺産分割調停事件には対応できるものではない。一般の家事調停委員が、単なる人生経験や、良識あるいはカルチャー・センターで受けたカウンセリング技術、昔、大学法学部で学んだ知識くらいではほとんど役に立たないのである。

だが、遺産分割に関する法律的側面からの概説書、教科書、コンメンタール、論文のたぐいは、図書室に山積している。しかし、肝心の遺産分割の紛争を調停室という現場で具体的に解決する側、つまり、紛争当事者及びその代理人である法律専門家の弁護士と向き合う一般の家事調停委員の立場からの遺産分割調停の運営に関して、正面から取り上げた概説書はこれまでに見当たらない。

遺産分割調停事件は、国民の意識の変革に伴って年を追うごとに複雑さを増してきている。各種の研修のほかにも、実際の必要に迫られて、家事調停委員間で頻繁に自主的な勉強会が行われているが、いかんせん、適当なテキストもなく、講師探しに追われ、試行錯誤を続けているのが実情である。

このような実態を踏まえて、本書は、いささかでも実践的な遺産分割調停の運営に資するべく、私が遺産分割調停事件に携わった体験を土台にして実例に光をあてながら一般の家事調停委員の立場から稿を起こしたものである。したがって、内容はもちろん、学術的なものではないし、教科書でもなく実務書である。そのため、法律上の問題点は、意図して避け、法律などの条文を挿入しないことにした。しかし、事実によって自から法律上の問題点、論点も明らかになるものと思う。

なお、本書の性質上、内容は、意見、実践に関する部分が大半であるが、そのすべては、私ひとりの個人の意見、実践であり、家庭裁判所における調停の運営はケース・バイ・ケースで行われていることをお断わりしておく。

平成九年　成人の日

平　柳　一　夫

目　次

はしがき
新版はしがき
初版はしがき

第一部　遺産分割調停事件の一般的執務……1

第一章　第一回調停期日前の準備にはどのようなものがあるか……2

(1)　記録の閲読（2）
イ　戸籍謄本、除籍謄本（戸籍の全部事項証明書）及び住民票の写し（3）
ロ　不動産登記簿謄本（不動産登記の全部事項証明書）（9）
ハ　書類編綴の順序（12）
(2)　記録による問題点の把握（13）
——前件のある場合の特異性——

目　次

第二章　第一回調停期日にはどういう順序でどのようなことをするのか……17
(1)　当事者のグループ分けとその落穴（20）
(2)　遺産分割の前提問題の確認（23）
イ　相続人の範囲（24）
ロ　遺言書の効力及び遺産分割協議書の効力（28）
ハ　遺産の範囲（31）
(3)　前提問題一時棚上げの主張の対応（33）
(4)　特別受益及び寄与分の主張の有無の確認（35）
(5)　必要資料の提出（35）
(6)　遺産不動産の見取図の作成と写真の提出要請（37）
(7)　多数当事者がいる場合の期日指定（38）
第三章　継続中の調停期日を充実させるにはどうするか……39
(1)　準　備（39）
(2)　復習と宿題の整理（39）

(3) 当事者の提出書類の取扱い（40）
(4) 特別受益及び寄与分の主張整理、取扱いとその調査結果の開示（41）
(5) 不動産評価について争いのある場合の対応策（45）
イ　当事者による調査（45）
ロ　専門委員の関与〔簡易評価〕（46）
ハ　鑑　定（48）
(6) 土地の現物分割の測量、分筆手続き及びその費用負担（49）
(7) 調停進行中に不動産を任意売却し売却費用を控除した残額を分割する場合の問題点（50）
イ　売却手続きを行う代行者の決定（50）
ロ　売却期間（50）
(8) いわゆる中間期日(中間合意)調書を作成する場合とその効果（51）

第四章　成立直前の調停期日にとくに注意することは何か……55

(1) 成立時に必要な注意事項にはどのようなものがあるか、またその徹底は

どうするのか (55)
イ　当事者の出頭確保 (55)
ロ　弁護士代理人の双方代理 (55)
ハ　代償金の支払い方法 (56)
(2) 条項案の摺合わせ (56)
(3) 複数期日の設定 (56)
第五章　調停が成立するときの期日ですることは何か……59
第六章　調停が不成立のときの期日ですることは何か……61
第七章　調停委員が「事実の調査」を行うときの留意点は何か……63
——調停の初期段階での事実の把握の方向と方法・整理と進め方——
例㈠　遺産(不動産)について、所有権を主張する第三者がいる場合 (65)
例㈡　遺言書の存在が疑われ、遺産の範囲に争いがあるものの、一時棚上げして調停の進行を図ろうとする事例 (69)

第八章　調停期日全体を通して進行上問題となるものにどういうものがあるか……75
(1)　審判を意識してどういうことを心がけなければならないか (75)
イ　審判において分割の対象とならない財産の活用を図る (75)
ロ　証拠説明書の提出 (76)
ハ　代償金の支払意思と能力の確認 (76)
(2)　相調停委員との相互理解をどのようにして構築するか (77)
(3)　交互面接と合同面接を遺産分割調停ではどのように考えるか (79)
(4)　当事者本人及び代理人以外の者の調停委員会への出席の利害得失と利害関係人とはどういう者をいうのか (80)
(5)　休憩時間の設定 (82)
(6)　記録の手控えの意義とその記載内容 (83)
(7)　前件の利用と記録の取寄せ (85)
☆ハーフ・タイム☆

目　次

〔古典文学に見る遺産紛争〕……87
十六夜日記（阿仏）……90
櫻陰比事（井原西鶴）……94

第二部　遺産分割調停事件にあらわれる個々の問題の取扱いと周辺の事件の取扱い……101

第一章　個々の紛争形態とこれにどう対応するか……101

(1)　分割の基準で実務上、ほぼ固まっているものにどのようなものがあるか（101）
(2)　内縁の妻の取扱い（103）
——内縁の妻は遺産分割調停事件の当事者になれるか——
(3)　不在者財産管理人が遺産分割調停事件で合意するにはどのような手続をふまねばならないか（104）
(4)　遺言執行者は誰の代理人か、その結果生ずる問題と遺産分割調停事件（105）
(5)　相続分の譲渡の性質と方法（106）

(6)　相続分の放棄と相続放棄の違い及び相続分の放棄の必要性があるか (107)
(7)　未検認の遺言書の提示、特別代理人の必要、遺留分放棄申述の必要がある場合の措置はどうしたらよいか (108)
(8)　相続債権と相続債務についてどう扱うか (109)
イ　預貯金などの相続債権 (109)
ロ　相続債務 (111)
(9)　遺産の範囲と相続税の物納の相互関係をどう考えるか、その対応はどうか (113)
(10)　生前退職金と死亡退職金は遺産になるのか、ならないのか (115)
(11)　被相続人のした相続人の配偶者に対する贈与はその相続人の特別受益と言えるか (116)
(12)　専業主婦である配偶者の多額の預貯金は特別受益と言えるか (116)
(13)　特別受益である不動産がバブル期に高額で売却されている場合の持戻し評価はどうあるべきか (117)
(14)　遺産分割と高齢配偶者 (118)
——扶養の問題と代償金の支払能力のないとき——

(15) 遺産に借地権がある場合、対地主との関係をどのように調整するか (120)
(16) 調停成立後の遺産不動産売却とその代金分割の合意とその危険性の回避の方法があるか (121)
(17) 非上場株式の分割の留意点 (122)
イ　非上場株式の評価 (122)
ロ　同族で経営する小規模会社の非上場株式の代償分割の困難にどう対応するか (123)
(18) 信託遺産（不動産）分割の留意点 (124)
(19) 遺産の管理費用をどうみるか (125)
(20) 遺産の一部分割を終わっている遺産分割調停事件の問題点と一部分割を行うとき留意すべきことは何か (126)
(21) 調停前の仮の措置の実効性と実務上どこに留意すべきか (128)
第二章　遺産分割調停事件と遺留分減殺請求調停事件をともに進めるとき留意することは何か……131

第三章　渉外遺産分割調停事件はどう進めるか……133
第四章　遺産分割調停事件とその周辺の事件とはどこが違うか……135
☆ハーフ・タイム☆
〔相続分計算の解答〕……138
〔遺産分割に関する参考文献〕……140
1　一般書……140
2　論文等……143
第三部　遺産分割調停事件における調停委員の説得と話合いの技術……151
1　説得の類型と順序……152
2　共通の利益の引き出し……153
3　争点の取上げの順序……155

4 重要事項の確認に用いる言葉（あうんの呼吸・腹芸の禁止）……156
5 相手への主張・提案の伝え方……159
6 主張・提案の回答の求め方……160
7 タイム・リミットの設定……161
8 立場からの主張の対応……162
9 大幅譲歩戦術の対応……165
10 背水の陣をしいた当事者の対応……166
11 当事者がそれまでの態度を急に大きく変えてきた場合……167
12 双方の金銭的主張が大きく離れている場合……169
13 仕切屋への対応……171
14 双方の強気の主張が真っ向から衝突する場合……173

15　不正戦術を用いる当事者への対応……177
(1)　調停委員に対し恫喝的・侮辱的言動をとる当事者の場合（177）
(2)　進行引延しを図る当事者の場合（178）
(3)　詐術を弄する当事者の場合（180）
16　本人と弁護士代理人との間に主張や考え方の食い違いが見られる場合……182
17　当事者の範囲及び遺産の範囲についての合意の取り方と強者必勝型の場合の提示案……183
18　争っている事実について一方が決定的資料を提出したときの対応……184
19　調停が大詰めの段階でそれまでなおざりにしていた問題が浮上した場合……185

20　葬儀費用及びこれに付随する費用……186
21　祭祀承継問題の持込み（紛争の拡散）……187
22　相手当事者に対する謝罪要求……188
23　調停案の提示者と調停委員会案の提示の時期……188
24　調停委員会の案が拒否されたときの対応……189
25　念書の取り交わしをする場合……190

［遺産分割の参考文献］(193)
［相続税のはなし・ひと言］(195)
――相続税の基本的な仕組み――

あとがき(196)

第一部　遺産分割調停事件の一般的執務

家事調停の機能一般について、以前には司法的機能と、人間関係調整機能との関係がいろいろと議論されたことがあったが、現在では、当事者の感情を正常化し、感情からくる双方の葛藤を調整する人間関係機能は、司法的機能を背後において進めなければならない遺産分割調停事件では、とりわけて目的としてではなく、ひとつの手段として考えられている。手段である以上、遺産分割調停事件においては、**目的はあくまでも司法的機能の実現である**から、その場で人間関係の抜本的解決を図ろうとすることとか、人間関係の修復を目指すなどということは、余計なことであるといわざるを得ない。えてして、一般の家事調停委員、特に、カウンセリングに興味を持つ家事調停委員にそのようなことを目指す傾向が見られるようであるが、ほどほどのところで差し控えるべきである。そのような目的を遂げようとすることは、その家事調停委員の幻想に過ぎないばかりか、遺産分割調停事件の解決を遅らせるだけである。遺産分割調停事件の解決のための観点は、「**利害得失の調整**」に置くべきであることを銘記すべきである。

第一章　第一回調停期日前の準備にはどのようなものがあるか

(1)　記録の閲読

遺産分割調停事件の記録は、他の家事調停事件の記録、例えば夫婦関係調停事件の記録が、申立書と戸籍謄本くらいが綴られているのと違って、はじめから分厚いものとなっている。中身は、当事者や、被相続人の戸籍謄本、除籍謄本類、不動産の登記簿謄本、預貯金の残高証明書、固定資産税評価証明書など当事者から提出されたものが主なものである。そのほか、家庭裁判所の係書記官や、家庭裁判所調査官の作成した事前の調査報告書、あるいは、まれに、家事調停委員作成の事実の調査報告書が添付されていることもある。

これらの書類の編綴された記録を事前に閲読して準備をすることは、家事調停委員として必須のことである。これを怠って調停に臨む家事調停委員がいるとしたならば、国民に対する義務違背の甚だしいものといわざるを得ない。

次に必ず調べておかなければならない戸籍謄本と不動産登記簿の謄本について実務に必要な限度で述べる。

イ　戸籍謄本、除籍謄本（戸籍の全部事項証明書）及び住民票の写し

通常、遺産分割調停申立時には、戸籍関係として、被相続人の出生のときから死亡のときまでの連続した除籍謄本（「除籍」という語には二義ある。一つは、個人が婚姻、死亡、分籍などでその戸籍から除かれたとき、その個人が「除籍」されたと用い、もう一つは、その戸籍の全員がその戸籍から除かれて、除籍簿に移されたものを「除籍」という）と相続人らの戸籍謄本が提出されている。まれに、大火や、昭和一九年、二〇年の空襲のために戸籍が焼失している場合、その焼失証明が出ていることがある。

平成六年六月から、戸籍に関する法令が、現代のコンピュータ社会に応じ、戸籍事務について、「電子情報処理組織による戸籍事務の取扱い」に移行を開始した（現在ではかなりの数の地方自治体が実施している）。戸籍謄本に混って、「戸籍の全部事項証明書」あるいは、「戸籍の一部事項証明書」という書類が入っていることがあるが、これは、従前の戸籍謄本、戸籍抄本と同一視される戸籍に記載されている事項の全部（または、一部）を定められた様式で記載し、区市町村長が証明したものなのである。調停ではまず、**この戸籍の表示を信頼して手続を進めてゆく**（この点は、またあとで詳しく述べる）。

また、実務で、「ゲンコセキ」あるいは、「ハラコセキ」という言葉を耳にするが、これは、その戸籍の一面右肩欄外に「改製原戸籍」と表示され、末尾欄外に「この謄本は、原戸籍の原本と相違ないことを認証する。〇年〇月〇日　〇〇市長　氏名　職印」とあるようなものを言い、現在実務で出てくる原戸籍は、家制度の廃止に伴った民法の改正に基づき、現行の戸籍制度に改正される直前の家を

単位とした最後の戸籍である。その改正は、昭和三二年であるが、実際にその戸籍があらたに編製されるのは、二、三年遅れていることが多い。改製の事項は、すべてその戸籍の戸籍事項欄に記載されているので、確かめられたい。なお、**戸籍は明治以来三回改製されている**が、その都度の改製原戸籍が存在する。

これらの戸籍から、被相続人の推定相続人（当事者）を確定するのであるが、申立書の**当事者目録及び相続関係図**を参考にしながら作業を進めた方がよい。だが、その目録や、関係図に誤りがないとは言えないのである。不足していた戸籍の提出を促したところ、そこで現在の配偶者との以前に他の者とわずかではあるが、婚姻期間に子を生んでいて、その子が生存していることが判明する例などがみられるのである。家事調停委員だから何もそこまでしなくともというわけにはいかない。相続人を脱落した調停は、無効となるだろうからである。念には念を入れなければならない。

さて、相続人がはっきりしたら、次は**法定相続分の計算**である。これも、家事調停委員としては、必ず自分で計算してみておくことである（準備のときのほか、調停期日には遺産分割には計算がつきものであるから、小型電卓の携行をおすすめする）。この計算は、簡単なことが多いが、そう単純でないこともある。試しに次に相続関係図を三例あげるので計算してみていただきたい（**設例**㈡は正確には「取得割合」である）。ちなみに、**設例**㈠については、三グループにそれぞれ弁護士代理人がついていたのだが、三者別々の相続分計算書が出ていた。計算のポイントは、半血（疑似）が関係してくる。**設例**㈡につい

設例(一)

AからWまで相続人全員の相続分を計算する。

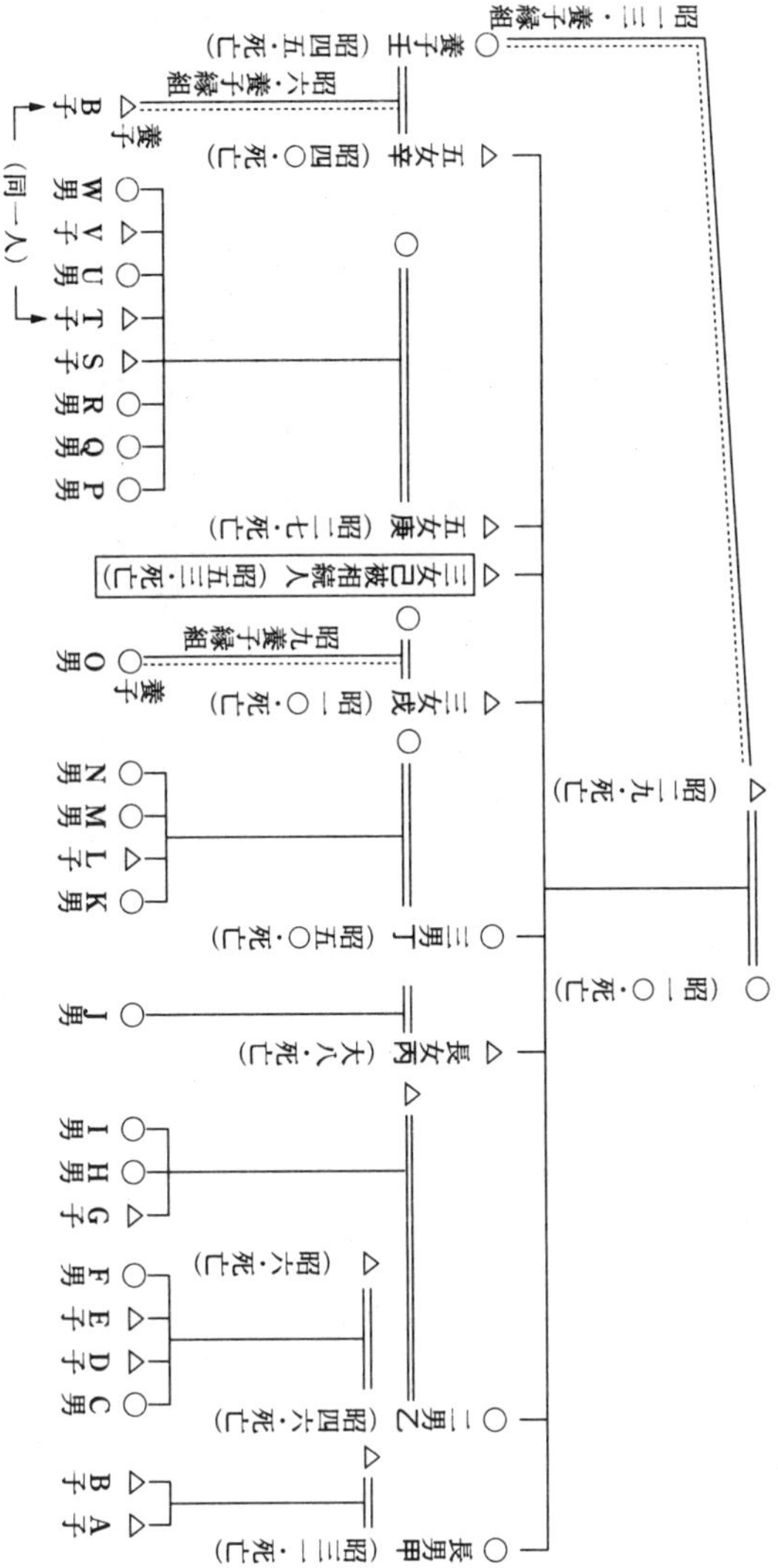

設例㈡

A、B、Cそれぞれの最終の取得割合を計算する。

乙は、その遺産全部（固有の遺産はなく、甲の遺産の相続分だけある）を、遺言でB男に包括遺贈している（甲の遺産は未分割である）。

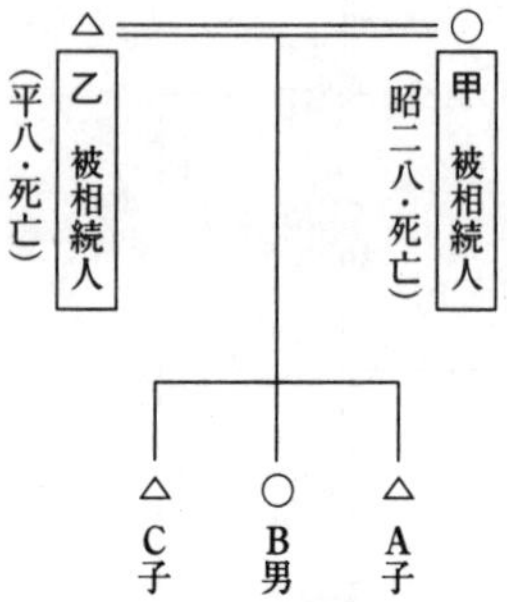

設例㈢

Aから**M**までの相続分を嫡出でない子（**D**から**G**まで）の相続分を嫡出である子の二分の一とした場合と、等しくした場合の二通りについて計算する。

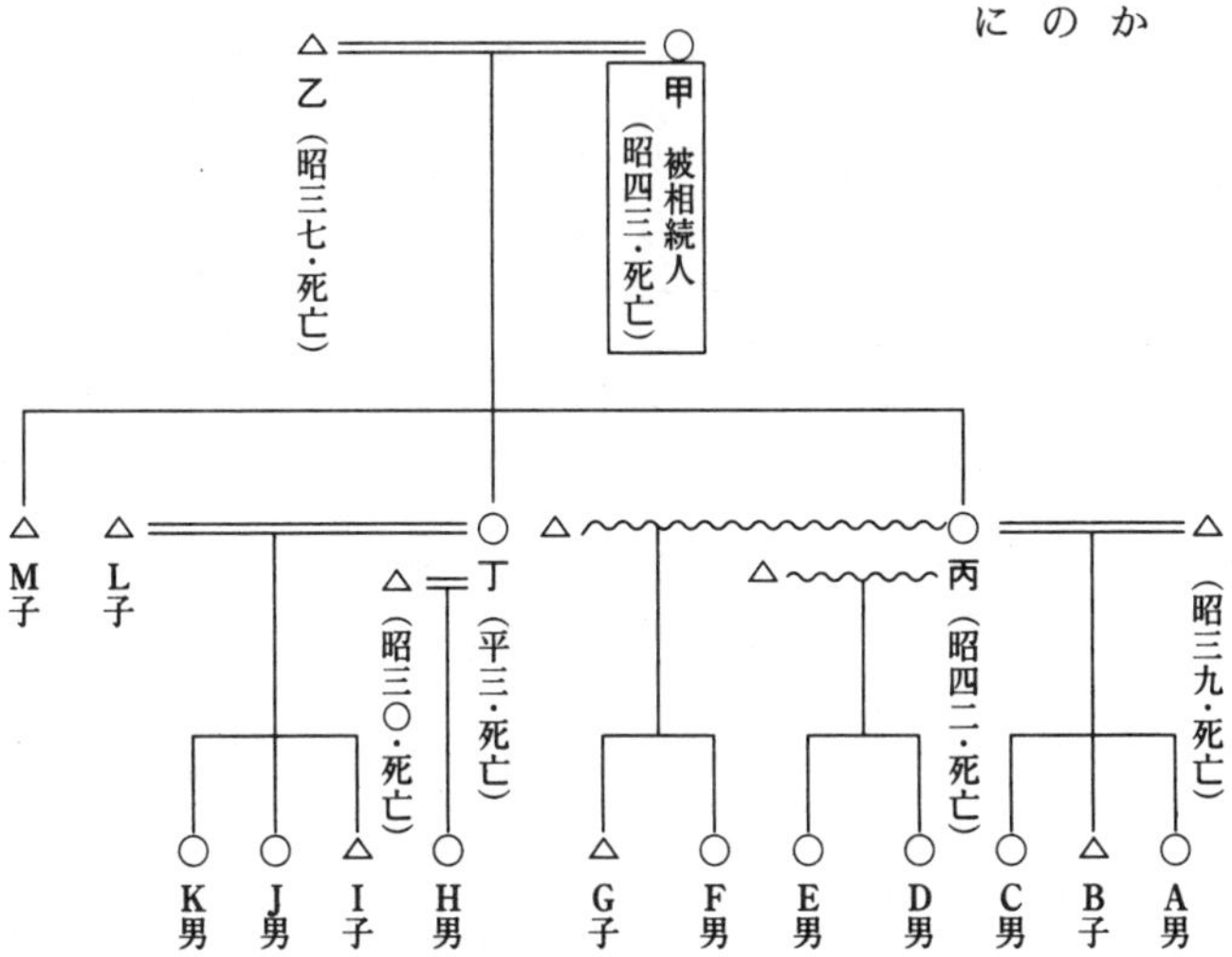

ては、双方に弁護士代理人がついていなかったのであるが、私が計算を誤った。幸い、早く同僚家事調停委員の指摘があってことなきを得たものである。**設例㊂**は、嫡出でない子の相続分は、調停であるから、二通り計算しておくのがよいということで掲げておいた。私の解答は、ハーフ・タイムの末尾を見られたい（一三八頁）。

次に当事者らの**住民票の写し**が記録に添付されているが、その役割は、大きく言うと、二つある。その一つは、その事件の管轄裁判所を明らかにする資料としての役割で、遺産分割調停事件では、**管轄裁判所は、相手方の住所地を管轄する裁判所**ということになっている。そして、その相手方というのは、数名、別々の管轄地内に住んでいても、そのうち一人でも住んでいる管轄地でよい取扱いになっているから、同一の管轄地に住所を持つ同一グループが申立てる場合など、そのうちの一人だけが申立人となって同一グループ内の者でも申立人とならず、相手方として申立て、そのグループの住所地を管轄とすることが多い。

また、遺産分割事件でも、審判申立事件の管轄は、被相続人の最後の住所地を管轄する家庭裁判所であるから、被相続人と同居していた相続人が申立人となる場合で、他の相続人が全員、他の家庭裁判所の管轄地に住所を持っているときは、はじめから審判の申立てをする例がないわけではない。しかし、このような場合は、裁判所が、調停先行と認める場合が多く、最も多数が住所地とする家庭裁判所に移送するのが通常であろう。

住民票の写しの役割の二つは、**調停成立時に住所を確認**するためである。特に、調書に、いわゆる登記条項（例えば次の**ロ**の「共有持分の移転登記手続をする」という条項）が含まれていて、調書を用いて登記をする場合、登記の申請書に住所を証する書面（通常は「住民票の写し」）を添付しなければならないので、成立調書の当事者の住所と住民票の住所を一致させておく必要があるのである。

ロ　不動産登記簿謄本（不動産登記の全部事項証明書）

遺産の中に**不動産**（土地、建物）がある場合は、普通は**登記簿の謄本**が申立人から提出されていて記録の一部になっている。

不動産登記簿は、不動産を特定した上で、その現況を表示するとともに、所有権や担保物権などの権利関係を第三者に公示している。したがって、その謄本は、調停が成立するときには、権利関係のたしかめとその特定のために必要不可欠のものとなる。その謄本は、受付けの段階で揃っているのが普通であるが、完全でないときは、早い時期に追完させておかなければならない。

なお、調停においては、この所有名義を信頼した上で手続きを進めることになるから、あとで「遺産分割の前提問題」のところで詳しく述べるが（二三頁）、真実の権利関係は違うのだと主張する者は、最終的には、訴訟で決着をつけてから、遺産分割にとりかかることになる。

名寄帳

江戸時代から明治の初期にかけて、現在の登記簿の前身ともいうべき**村の土地台帳**をいう。主に年貢（課税）や夫役の決定を目的として作られた帳簿。家庭裁判所にも提出されることがある。なお、中世にもこの名称の帳簿が存在した。

不動産登記簿でなく、不動産登記の全部（一部）事項証明書が申立書に添付されていることがある。この二つの関係は、前に説明した戸籍謄本と、戸籍の全部(一部)事項証明書との関係とほとんど同一であるが、不動産登記関係の方は、戸籍関係より電子情報処理システムが早くスタートし、昭和六一年からであり、最近では、全国で多くの登記所で導入されている。また、戸籍のような人権にかかわるプライバシーの問題が少ないので、パソコン通信で登記簿の閲覧ができる制度の発足が伝えられている。

遺産である不動産の登記簿上の所有名義人の形態は二つある。その一つは、被相続人の名義がそのままのものである。もう一つは、相続を原因として、相続人らの法定相続分どおりに所有権移転登記がされて、相続人らの共有名義になっているものである。相続による所有権の移転登記手続をするのは、遺産分割の協議前であっても相続人らの保存行為の一つとして全員についての法定相続分どおりの持分の登記であれば、他の相続人の同意がなくとも相続人一人の申請で自由にできるので、相続人らの共有名義となっているのは、まず、彼らのうちの誰かがやったと考えてよい。誰が登記手続をしたのか、なぜやったのか、第一回調停手続の際、当事者に確かめておいた方がよい。それは、相続人の中でもっとも強硬論者であると考えてもよいであろう。紛争の深部を垣間見ることができるかもしれない。

この二つの種類の登記簿上の表示は、成立調書が作成されるときに大きな違いがでてくる。参考のため述べておくと、所有者が被相続人名義のままのものは、いま述べたように、相続人が保存行為として、単独で所有権の移転登記手続申請ができるのであるから、遺産分割で取得した者は、登記手続に当たって取得しなかった者の協力を必要としない。だから、協力しなかった場合に備えてその者達の登記義務を調停条項に入れないでよいのである。ところが、いったん保存行為としての相続登記がされて、所有名義が共同相続人らの共有になっているときは、遺産分割で取得した者は、他の者の共有持分を移転させるのであるから、保存行為ではなくなる。そこで、その共有持分の遺産分割を原因とする移転登記手続については、他の共同相続人全員の協力が必要となり、いざ登記手続をするというときに、これに協力しない者も出ないとは限らないから、これに備えて、「相手方らは、申立人に対し、○○○○（土地の表示）について、本日付け遺産分割を原因とする別紙共有持分一覧表記載の各共有持分の移転登記手続をする」というような条項を定めておくことになるのである。

ところで、未登記の不動産、そのほとんどは建物であるが、その場合はどうなるか。このときは、固定資産税評価証明書を必ず申立人に提出してもらう。それをもって不動産登記簿謄本に代えている。固定資産税評価証明書は、本来、各区市町村に備付けの課税台帳の写しというべきもので、地番、地目（建物については構造）、地積（建物については床面積）、固定資産税の課税のための評価額、課税標準額などが記載され、区市町村長の証明がつけられたものである。従って、遺産分割調停事件に出されるものは、主として遺産たる不動産の価額評価の参考としてなのであるが、未登記建物の特定方法として申立書や成立調書の添付の遺産目録の記載上どうしても必要な重要な資料である。

ハ　書類編綴の順序

ここで遺産分割調停事件の記録の編綴順序に触れておくことも重要であろう。遺産分割調停事件の記録は、当事者のいろいろな提出資料をはじめ、裁判所の書類なども月日を重ねるに従って厚くなってゆく。そこで夫婦関係調停事件など他の家事調停事件のように編年体を主としたつづり方とは違ったつづり方がされている。記録を事前に読むときも、期日中に記録を見るときも、あそこでもない、ここでもないなどあわてるよりも、そのつづり順をおおよそでも心得ておくことは、能率の点からも実益がある。分類は、三分方式で、区切りには色付きの分界紙が入っており、係の中では分界紙の表にその区分け部分に入る書類が記載されたものを使用している。

第一分類は、手続関係書類で、事件経過表を含む調書（いわゆる**中間合意調書**——第一部第三章(8)の項参照――も入る)、審判書、申立書の順。**第二分類は**、**証拠関係書類**で、戸籍謄本などの身分関係の書証(「A号証」という)、不動産登記簿謄本などの不動産関係の書証(「B号証」という)、その他すべての書証(「C号証」という)、調査報告書の順。**第三分類は**、第一分類、第二分類以外の書類、例えば、代理人委任状、管轄同意書、期日請書などが編年体で綴り込まれている。

この順序は、最高裁判所の通達で定められたものである。弁護士代理人が、A号証、B号証、C号証の符号でなく、甲第○号証、乙第○号証と**甲、乙の符号を付けて書証を出してくることがある**が、これは、民事訴訟事件での取扱い―甲号証は原告、乙号証は被告―を、甲号証を申立人に、乙号証を相手方に見立ててくるものである。

(2) 記録による問題点の把握

――前件のある場合の特異性――

この段階では、あらかじめ裁判所から出された照会書に対する**当事者の回答書**と、これに基づく書記官作成の**主張整理表**によって、申立書の記載内容以外の事実のおおよその見当と問題点とを摑むことができる。事件記録の事前閲覧が早すぎると、当事者の回答が遅れていることがあるので、事前の閲覧は、第一回期日が近づいてからの方がよく、主張整理表がまだできていないときは、家事調停委員が自分で主張整理表を作成すること。自分で作成すると、一層よく当事者の主張を理解し、記憶にとどめることができる。なお、係によっては、その事件の進行方針（委員会調停にするか家事審判官の単独調停に付するかなど）を分類するため、担当書記官が、第一回調停期日前に、申立人やその弁護士代理人に、電話などで簡単な事実調査をしていることがあり、書面になっている。この内容は、問題点の把握に非常に参考になるので見落としてはならない。

こうして問題点をとらえれば、そこから争点が浮かびあがってくる。その予想される争点のすべてを拾いあげ、提出されている証拠関係書類を対比し、不足すると思う資料も挙げてみる。そして、**争点、不足資料のリストを作成**して、当事者に尋ねるべき事項も整理したメモを用意した上で第一回調停期日に出席するのである。こうしておけば、第一回調停期日が、パンドラの箱をひっくり返したようなことにはならないのである。

第一回期日前の準備について最後に、前件のある場合の問題点と、注意すべき点を考えてみたい。

前件というのは、同一当事者間の遺産分割調停事件ですでに終局している事件であるが、通常は取下げで終局している。申立人（側）が同一であることもあれば、申立人（側）と相手方（側）が逆になっていることもあり、取下げの事由もいろいろとある。例えば、前提問題を地方裁判所で訴訟で結着するためというものから、何かの都合でしばらく様子をみたいというもの、申立人（側）に分が悪いことがわかったからというものまである。この度の申立ての理由の背景も、前件の取下げの事由の裏返しで、訴訟の結着がついたので、それを踏まえて仕切り直しの形で申立てられたもの（大半は、勝訴した側からの申立である）から、模様ながめの状態が終わったことからの蒸し返しもあり、相手が取下げたとて、そうはゆかないと言って、今度は、反対側から申立てられたものもある。

通常は、前件の申立ての取下げ後、新しい申立てがなされるまでの期間は、遺産分割調停事件ではそう長くはない。前提問題で訴訟で争った事件であっても、調停事件記録の保存期間（取下げの事件では五年）をまず超えることはないから、申立ての際、あるいは、係で前件のあることが判明したときは、第一回調停期日前にその事件が、いわゆる「曳き船」の形で紐で連結されて新しい事件についている。

そうして関与する人間は、当事者は、本人は、取下げから新件までの間に死亡者がいなければ、同一、代理人もほとんど同じ、違うのは、家事審判官と家事調停委員だけということになっている。家事調停委員が前件と同一人が指定されることもあるが、ここでは別の委員が指定された場合だけを取り上げる。

この場合の前件の読み方であるが、戸籍、登記簿謄本などの資料類は、新件の方を見ればよいが、そのほかの部分は、精読を必要とする。とくに、前家事調停委員の作成した手控えは重要である。そこから、前件では何が問題となり、そのうち、何が解決されて、何が残っているか、その残ったものが新件の申立書と対比して、解決されたものがあるのか、今の時点で紛争点がそのまま維持されているのかどうか、明らかにしておかなければならない。こういう綿密な準備、できたら、当事者の各々の主張の細かいニュアンスまで予測し得たならば、第一回の調停期日で当事者の信頼を得ることはまず間違いがない。さきほど新件で変っているのは、調停をする側だけだと述べた。前件をろくろく読まないで出席した場合、当事者側はどう感じるか。本人は落胆、弁護士代理人がいれば、落胆と軽蔑のまなざしをこちらに向け、以後、その家事調停委員に対し、非妥協的態度をとることは確実である。逆に、当事者の説明に対し、「ああ、そうですね。前の記録では、それは相手側でつよく反対した点ですね。」というように具体的に話に乗れたときとくらべてみるとよい。答えははっきりしている。キッシンジャーは、かつてのソヴィエトの外相グロムイコとの交渉について、「彼は、問題の隅まで知り尽くしていた。前の記録や、問題点を十分把握しないで、彼との交渉に臨むのは自殺行為に等しかった。」と言ったというが、調停事件における当事者は、グロムイコそのもの、あるいはそれ以上のものである。

なお、次の第二章の「第一回調停期日」の項で説明すべき事柄であるが、便宜ここで付言すると、新件は、前件の審理期間を入れると、相続の開始からかなりの期間を経過しているから、第一回調停期日の冒頭で、そのことに触れて、この事件は、出来る限り進行を早めるということを宣言しておいた方がよい。遺産分割調停事件の当事者の中には、**早期解決を望まない者**が隠れていることが意外に多いのである。この点は、第三部**15**(2)「不正戦術を用いる当事者への対応　(2)　進行引延しを図る当事者の場合」（一七八頁）で詳細論じようと思う。

第二章　第一回調停期日にはどういう順序でどのようなことをするのか

第一回調停期日に臨むための準備については、その心構えと、具体的な方法の両面から私の実践を踏まえて前章で述べた。

それでは、第一回調停期日に家事調停委員はどのような考え方、どのような心構えで当事者に接すればよいのか。個々の問題に入る前に、まず、一般的な問題で私が日頃注意していることを自戒の意味を含めながら挙げてみたいと思う。

自分を当事者本人の立場に置いてみる。私ども家事調停委員は、常々、家庭裁判所の門をくぐっているが、一般の国民はどうであろうか。生涯の間に一度でも裁判所の門をくぐる人は全国民の何パーセントであろうか。わずかな紛争でも訴訟で解決しようとする傾向の国もあると聞くが、我が国ではまだまだ裁判所というだけで拒否反応を示す人は多い。遺産分割調停事件の相手方として呼出された当事者から、「裁判所に来なくとも解決したのに申立てをされた。」とか、「一方的な呼出しを受けた。面白くない。出頭したくない。」、「何でこんなところに来なければならないのか。」という苦情を、事情を聴く冒頭で浴びせられた家事調停委員は数多いはずである。

この不満を裏返してみると、彼等は、おそらく前の夜は、あれこれ考えて、ろくろく眠れない夜を過ごしたのではあるまいか。怖れと極度の緊張の中での出頭である。その怖れと緊張の除去が家事調停委員の最初の仕事ある。いたずらに権威を振りかざしたような、しかめっ面はやめた方がよい。さりとて、ユーモアのつもりで言う言葉にも十分気をつけなければならない。その失敗は、取り返しがつかない。侮辱と隣り合せのことがあるからだ。もちろん、皮肉などは論外であり、敬意を払った言葉使いでなければならない。相手が仮りに無教養に見えるような老人であっても、「バアさん」とか、「オッさん」などという呼び掛けは不謹慎極まる。その発言を親しみを込めて、調停の場を和ませるためであったなどという弁解は許されない。傲慢と横柄とは「愚かさ」の親戚であると言われている。

当事者の怖れの大半は、自己決定権に対する消失感からくるところが大きいものと思われる。「この先どうなるのだろうか、どういうことになるのだろうか。」というのは、自分には決定権がなく、他者に押し流される不安なのである。だから、その除去には、「最終の意思決定権は、あなた自身にあるのですよ。」ということを自覚させることにあるので、当事者は千差万別であり、その怖れの程度を見極めながら対応してゆくことになる。

また、申立人本人は、怖れも一方にはあろうが、逆に、期待感を持って出頭してくることも事実である。そこで申立人には第一回調停期日に過度の期待を抱かせるような言動はしないことである。

いずれにせよ、第一回調停期日は、当事者と家事調停委員との信頼関係を築く場として重要であり、

第二回以降の調停期日の運びに大きな影響があるから慎重な運営が望まれる。

以上、まず、当事者本人について述べたが、次に、**弁護士代理人**との第一回調停期日での折衝についての留意点を考えてみよう。

家事調停委員側が、当事者を種々の角度から判断しようとしているのと同じことを弁護士代理人は、法律専門家ないしは交渉専門家の立場から家事調停委員に対して第一回調停期日の当事者の席に着いた瞬間から、その一挙一動に至るまで目を配りながら力量を判定しているのである。その結果がどう現われるか、私たちがしばしば目撃し、体験するところである。二人の家事調停委員のうち、どちらが主導権を握っているのか、どちらが頼むに足りる委員なのか、あるいは、どちらの委員もこの事件では解決はむつかしかろう。審判に持ち込むより方法がないかなとか、たちまちのうちに判断してしまう。その証拠に、弁護士代理人の中には、露骨にこれは駄目だと烙印を押した家事調停委員の方には二度とその顔と目を向けてこないし、語りかけないということが出てくるけれども、それはまた当然のことなのである。このようなことの生じないよう、家事調停委員二人の間では、十分に各々の役割分担を自覚して当事者に接するよう互いに努力をするべきである。

それから、一方の弁護士代理人に調停運営についてまでの主導権を握らせてはならない。例えば利害関係人でない者を、利害関係人と称して、調停の場に、調停委員会の許可を得ないで連れ込もうとするなどのことである。他方の当事者からみれば、不公平な取り扱いをしていることに外ならない。

十分に注意してそのような弁護士代理人に引きずられるようなことのないようにする。

(1)　当事者のグループ分けとその落穴

多数の当事者、例えば**代襲相続人**が多く、二〇人を超えるような事件もしばしば見られるのであるが、通常は、利害をほぼ一つにする幾グループかに分かれていることが多い。しかし、そのパターンは、必ずしも類型化できるものではない。先妻の子らと後妻が常に対立関係にあると考えるのは誤りで、先妻の子の一部と、後妻とが密接に結びついて先妻の子の他の一部と争っている例なども結構見られるのである。

当事者のグループ分けは、第一回調停期日に最初に行うのがよい。これは、時間の節約、意見の明確化、統一及びグループの中のキイマンの発見の必要から行うもので、その後の意見の聴取などの進行は、グループごとにその全員をテーブルにつかせて行うことになる（なお、キイマンについては第三部**13**「仕切屋への対応」一七一頁を参照されたい）。

グループ分けは、弁護士代理人のいるときは比較的容易であるが、いないときは、時間がかかるけれども当事者の一人一人に確かめるのがよい。ここで「あなたの考えはAさんと同じということでいいですか」などと誘導尋問をすると失敗する。また、申立書で表示されている「申立人」「相手方」の区別は、このグループ分けとは全く関係を持たないものとして作業を進めることにする。とくに、申立人が一人であるときには、単に便宜上一人にしただけで、相手方の中には、申立人と同じ考え方のもとで事実上グループを形成している者達が含まれていることも多い（遺産分割調停事件の管轄裁判所は、相手方の住所地であるから、申立人と同一グループの中で申立人と同一管轄裁判所内の者が一人しかいないときは、その一人の者を相手方として申立てることはしばしばみられることである）。

次に、**グループ分けの落穴**というか、よく陥る誤りについて説明する。これについては、私も苦い経験を幾つも持っている。

それは、当初のグループ分けが、調停の進行とともに変化して、別の様相を呈してくるということである。あるいは、当初のグループ分けの時すでに異分子が紛れ込んでいたのを家事調停委員側で見過していたのかも知れない。いずれにせよ、グループ内での発言、態度の微妙な変化の兆しを見落してはならない。そもそも、グループ内の一人一人の利害が同じと思うのが誤りなので、信念を持ってグループを形成した一枚岩ではない。損得、欲得ずくがある時点で彼等の間で近似値を示しているだけのことなのである。その近似値が申立時から調停終了時までそのままである筈がないと思っていた方がよい。ある者は、グループから離脱を図りたいと思っているかも知れないし、ある者は、グループ内の他の者の利益について神経を尖らせているかも知れない。また、反対グループに移った方が得かなと考えているかも知れない。離合集散は常に起こり得る状態にあると言って差し支えないし、裏切りもあると思われる。例えば当初「自分は取得しない。同じグループ内の兄にすべて自分の持分を譲る。」などとしていた者が、他の当事者の動きを見て、「やはり自分も取得したい。」と言い出したり、対立グループからの利益誘導によって、それまでのグループから離脱するなどは日常のことなのである。

そういうことから、家事調停委員としては、当事者のグループ間で、個人の移動があると、昨日の敵は今日の友、あるいは、昨日の友は今日の敵の状態が現出した場合に備え、注意深い発言が必要となる。その発言がストレートに相手の当事者に知られた場合、アンフェアだととられかねないような発言は厳に慎まなければならない。直接の家事調停委員の発言を聞いた当事者が、何時その相手のグループに鞍替えするか分からないのである。そうすると、調停委員はエコひいきしているとか、駆け引きをしているとかの非難となって矛先が調停委員会に向けられて、当事者との信頼関係が崩れその修復はおそらく不可能となり、調停そのものが失敗することになる。

遺産分割調停事件ではないが、夫婦関係調停（離婚）事件で、双方とも弁護士代理人がついていたけれども、その代理人ともども家事調停委員二人ともやられた失敗を紹介する。事件のバックはいわゆる嫁としゅうとめの争いに端を発していたのであり、夫からの申立てで、この申立ては、夫がその母親の前を取り繕う形だけのものであったのを、双方の代理人も、私ども二人の家事調停委員も気が付かなかったのである。そうして、調停の場では、夫も妻も争う振りをしながら、その帰りに別の場所で落ち合ってホテルに行って私どもや双方の代理人をコケにして笑い合っていたというのだから、何とも言いようがない。これは、申立代理人が、たまたま、妻から夫に宛てた手紙を見たことから発覚し、その調停事件は、取下で終了したが、まことに後味の悪い事件であった。

夫婦関係の調停事件であってもこのようなことがあり得たのだから、まして離合集散が当り前と考えられる遺産分割調停事件では十分な注意が必要なのである。

(2)　遺産分割の前提問題の確認

遺産分割調停を進めるためには、まずその事件について遺産分割の前提問題といわれる紛争があるのかどうか見定めることが必要になってくる。ここでは、争いが決定的となった場合に、審判で決着が図られず訴訟に持込んで黒白をつけなければならないいわゆる訴訟事項と言われているもののなかで**当事者の範囲**、**遺言及び遺産分割協議書の効力**、**遺産の範囲**だけについて考える。

具体的な問題に入る前にまずこれらの紛争をどう扱うのか一般的な事柄について触れる。紛争の程度、当事者双方の紛争に対する態度の強弱などから、早い段階で進行の見極めをつける。放置したまま調停を進めて行ってもその紛争が最後まで尾を引いて、何回か調停期日を重ねたあとで結局やはり訴訟で争うことになつたというのでは、それまでやってきたことが何だったのかということになりかねない。当事者の早期解決の期待にも反し、迷惑をかけることになる。調停の初期の段階から前提問題で先鋭に対立するときは、速やかに評議に入り、取下げ勧告を行い、訴訟での解決を考えてもらうことになる。家事調停委員としていつまでも事件を手許に抱え込んでいじくっている必要は全くない。調停の限界を知るべきであるし、当事者のためには、調停を取下げ、訴訟で解決した上であらためて分割協議をすることがむしろ早期解決につながりその利益に合致するのである。

なお、ここで前提問題の解決として、「それが訴訟で争われる場合には、訴訟の終わるまで調停手続を一時中止して判決の確定を待つのが通常である。」旨説く著述が見られるが、これについて若干説明を加えたい。この「調停手続を一時中止して」の意味が「調停手続きを取下げて」というのであれば納得できるが、「その調停事件を、民事訴訟でいうところの「中止」のように、家庭裁判所に「係属させたまま休眠状態にしておいて」ということであるならば、それは、現実の実務の取扱いとかけ離れた説明である。現実の実務では、申立人に、いったん、その申立てを取下げてもらい、訴訟の結果を待って再度申立てをしてもらっているのが通常なのである。訴訟の終了まで漫然と「期日追って指定」の状態で放置することは、決して良好なやり方とは言えないだろうし、そういう方法は、実務では逆に例外である。取下げで終局となった調停事件の保存期間は五年であるからその期間内に再申立てがあればその記録は前件として利用できるのだし、申立費用は、九〇〇円にしか過ぎないのである。

イ　相続人の範囲

相続人の範囲すなわち当事者の範囲の紛争は、戸籍が真正な身分関係を表示していないと主張して争う当事者がいる場合に生じる。戸籍が真正な身分関係を表示していない原因は、**錯誤**、**虚偽**、**懈怠**《けたい》などが挙げられる。

通常の争いの形態は二つある。

その一つは、戸籍上は、被相続人の推定相続人の関係にあるが、それはいわゆる「表見相続人《ひょうけんそうぞくにん》」である、つまり外見は相続人のように見えるが、実は真正な相続人でないとして争うものである。具体的に言うと、最終的には、嫡出否認、親子関係不存在、認知無効、養子縁組無効、婚姻無効などの訴訟を提起して判決により相続人の範囲から排除してしまおうというのである。このとき、相手が遺産分割調停で**真正な相続人**であると主張するときは、当事者間の合意がないのであるから家事審判法二三条の審判を得ることができないので、必ず右のような訴訟をやって確定判決を得なければならない。そのまま調停を進めるわけにはいかないのである。おそらく調停は成立しないだろうが、仮りに調停を進めて成立したとしても、後に相続資格を失う者が出ると、相続人でない者を加えた遺産分割ということになり、その調停は無効と考えられるからである。では、当事者全員が真正な相続人でないことは明らかだが、相続人であるとして遺産を分割しようと合意したときはどうするか。このときは、その合意に基づいて遺産分割の調停を成立させてよいと考えている人がいる。反対に、表見相続人が、相続人でないと自認したときに、二三条の審判を得て戸籍訂正をし、推定相続人でないことを戸籍上明確にした上でなければ遺産分割調停を成立させることができないのか。ということであるが、これ

再転相続と代襲相続

相続が開始して相続人が相続の承認や相続の放棄をしないうちに死亡したため、その相続人を被相続人とする相続が開始したことを再転相続といい、代襲相続とは、推定相続人である子や兄弟姉妹が相続が開始する前に死亡したときなどその者の子が死亡した者に代って相続することをいう。

については、表見相続人が、すでに結婚していて配偶者や子供らに真実を知られたくないなどの事情があって、戸籍訂正を避けたいと言うときは、わざわざ戸籍訂正をするまでもなく、「本件遺産は一切取得しない。」という条項で片をつけてよいのではないかと思われる。これについては、また、別に遺産分割の調停事項で、例えば、「当事者全員が被相続人と、当事者某（表見相続人）との間に親子関係が存在しないこと。これにより某（表見相続人）が被相続人の相続人でないこと。本件遺産分割の当事者は右某を除くその余の当事者らであることを確認する」とした上で分割条項に入っていくという方法による考え方もあるが、私は二三条審判とその手続及び戸籍訂正との関係で疑問が残るので反対である（形成判断を経ていない）。いずれにせよ、調停委員会の十分な**評議**が必要である。

相続人の範囲についての通常の争いの形態の二つ目は次のようなものである。

それは一つ目と全く逆になる。「**隠れた相続人**」と呼ばれる者の存在で、戸籍上は推定相続人ではないので、そのままでは当事者となることはできないが、真実は、被相続人の相続人であるという場合で、当事者の中から、そのような話がでてきた場合どうするかということである。非嫡出子であるのに認知がない子については、そのまま調停が進められて成立し、後にその子について死後認知の裁判が確定したとしても、その子は他の相続人の分割協議後でも価額請求が認められているのであるから実害は大きくならないと思われ、例外の取扱いとなって、成立した分割の調停はそのまま有効である。しかし、その他の「隠れた相続人」が遺産分割調停事件に当事者として参加するためには、争いの有無にかかわらず必ず裁判で相続人の地位を確定し、戸籍を正した上でなければならないとされる。遺産分割調停が成立したのちに、二三条審判あるいは、判決の確定によって真実の相続人が登場したときは、成立したその遺産分割調停は、無効となるという重大な結果を惹《ひ》き起す。

死後認知を求めている「隠れた相続人」以外の「隠れた相続人」とは、被相続人の嫡出子であるのに、他人の子として届出がされている者、また養子であるのに**戸籍上離縁されている者**、配偶者であるのに戸籍上離婚されている者を言い、この「隠れた相続人」たちは、それぞれの事由により異った方法で判決を得た上で戸籍を正してはじめて当事者として遺産分割調停事件の当事者の席に着くことができるのである。だから、「隠れた相続人」のいることが調停の場で指摘されたときは、直ちに調停委員会の評議を行い、対応を評議し、その「隠れた相続人」に参考人として調停の場に出席してもらうか、家庭裁判所調査官の調査にゆだねてその態度を知る必要がある。その結果、訴訟が提起されたときは、遺産分割調停事件はいったん取下げてもらい、訴訟の結果を待つことになる。

ところで当事者全員が「隠れた相続人」を真正な相続人と認めて遺産分割に応じてよいとした場合、必ず二三条審判を得て戸籍訂正をした上でなければ調停を成立させるわけにはいかないのか。さきの「表見相続人」のときと同じような理由で「隠れた相続人」が、戸籍訂正まではしたくない、しかし遺産は欲しいと言ったときどうするのかということであるが、このときには、その「隠れた相続人を当事者（「相手方」）としてではなく、**利害関係人**として調停に参加させ、離縁あるいは離婚の有効なことを確認させた上で、その者の相続分に相当する遺産を他の相続人から譲渡する形をとって調停を成立させてもよいとする考え方がある。

そのほか、当事者の範囲の紛争は、第三部17の項（一八三頁）にも触れるので参考とされたい。

ロ　遺言書の効力及び遺産分割協議書の効力

第一回調停期日に、遺言書や、調停の申立の前に行われていた遺産分割協議書が突然提出されることがある。

被相続人が、その財産をある相続人に相続させる旨遺言をしていた場合は、その財産は被相続人の死亡と同時に、その相続人に帰属するので遺産分割調停の対象とならないことになる。また、遺産分割調停の申立前に当事者（相続人）間に遺産分割協議が成立しておれば、これもまたすでにその、財産は、各々の当事者に帰属しているので遺産分割調停の対象とならない。

しかし、これはいずれも遺言が有効であり、遺産分割協議が有効である場合であって、当事者の中で、それらを無効であると激しく争う者がいると結局その効力は、訴訟で解決されなければならない。このとき、あくまでも家庭裁判所で解決しようとする考え方があるが、調停では限界があって不可能に近い。例えば、自筆遺言書の筆跡が本人のものでないという争いが持ち出された調停事件では筆跡鑑定を行えば足りるという考え方もあるが、その結果を説得に使っても拒否されたらどうするのか。私はその考え方に反対である。調停手続で鑑定をすべきでない。単純明快に取下げの勧告をすべきであり、同時に、評議の上ではあるが、取下げたうえでの遺留分減殺請求調停事件、遺産分割後の紛争調停事件、親族間の紛争調停事件の申立てを示唆することもあり得よう。

ところで、遺言書や、遺産分割協議書があり、全員が一応形式的には有効と認めながら、その内容に従わないで、当事者全員で改めて遺産分割調停を成立させようとする例が実務で頻繁に見られる。遺産分割協議書を無視しようというのは、その多くが**節税対策**のために作成されたもので、当事者達は、真意によらない、若しくは事実に基づかないものだからと考えているからで、あまり問題がない。しかし、有効な遺言書があるのにこれと内容の著しく異なる分割の調停が可能かということはかなり問題がある。その場合は、受遺者がすべて遺贈をいったん拒否して遺産を貰わないことにする。つまり受遺者である相続人全員が**遺贈の放棄**をして、遺産の状態に戻した上で分けるという考え方で進行を図ることになろう。そして、有効と考えられる遺言書について、受遺者である当事者全員がその遺贈全部の放棄をする旨の合意が成立したときには、調停条項の第一条にその遺言を特定した上で「受遺者である当事者全員が**遺贈の放棄**をする」旨の記載をした方が後日の紛争の再燃を防止するためによいであろう（なお、第二部第一章(8)参照）。当事者間でその遺言書を無効とすることはとくに**公正証書遺言**では無理と思われる。実例として、当事者が全員公正証書遺言の謄本を所持しながら、それを調停委員会に呈示することを拒否したまま成立に至った事件があった。拒否の理由も誰ひとり開示しなかったので真相は知るすべもなかったが、あるいは全グループに代理人弁護士が選任されていたので、話合いの上、無効を理由としたくないということがあったのであろうか。

遺言の無効を主張する方法として、「**遺言無効確認の調停**」について考えてみたい。

なるほど、家庭に関する事件は通常まず家庭裁判所に申立てることになっている（調停前置）から、そういう調停の申立ても出来るというのであれば、その程度のものかということで肯けるが、この調停はほとんど実効性はない。遺産分割調停事件ですでに遺言の効力が争われ、調停が行われているときに新たに別件でそのような調停を申立てるのはまともには無意味なことである。それで解決するなら遺産分割調停の中で解決できるわけだから、別件で申立てをしてきた場合は、申立人に別の意図、例えば相手方にプレッシャーをかける目的などがあると見てよい。訴訟で簡単に解決できるのであるから迂遠な方法と言わざるを得ない。そうして、このような調停は、現実に実務ではごく微々たるもので、その調停の成立率は再に低いと考えられる。

また、このような調停は、遺言の形式的無効についての裁判例がほとんど固っているから、遺言当時の被相続人の精神状態を問題にしたり、**筆跡の真否**を問題にする内容がほとんどであろうが、相手方が争う以上、家事調停委員には手のくだし様がないのである。どういうように説得せよというのか。まさか家事調停委員に「ボケの状態だったのだから無効を認めなさい。」とか、「これは偽筆だから無効でしょう。」などと言わせるつもりではないと思うが、要するに、**調停の本質になじまない事件**であるから、相手方の出方をみて速やかに**「不成立」**と決着を図ることにする。ゆめゆめ、このような調停の申立てを家事調停委員が当事者に示唆すべきではない。

ハ　遺産の範囲

遺産の範囲の紛争の態様は、大別して二つある。その一つは、紛争の対象が双方に顕在化している型で、対象物を一方が遺産であると主張し、他方が遺産でなく他者（法人あるいは個人）の**固有の資産**であるとするものである。この問題が先鋭な対立であるときは、最終的には訴訟での決着を待つことになるが、そのときの事件の処理については前に書いたとおりである。その二つ目は、遺産の一部が調停の場に顕在化していない場合である。すなわち、この段階で、「まだ他にも預金がある。被相続人にその通帳を見せられたことがある。それも残っているはずだ。」とか、「被相続人は、死亡二年前に

○○○の土地を売却して○億円の金を受け取っているが、残金が少な過ぎる。被相続人と同居していた相続人○○がネコババしている。」などと言いながら、資料を提供することもなく主張を続ける例が非常に多く見られる。この対応に困って、なすすべもなく、何回も期日を無駄にしてはならない。この場合には、主張する者に、心当たりの金融機関で調査し、資料を出すよう促し、かつ、その期限を次回期日までとか、次々回期日まではっきり設定すること。それから、次が大切なことで、そのように主張する者の不安を取り除く作業を行う。それは、続けてこう説明する。「遺産分割というのは、常に隠れた遺産があるかも知れないという危険を内に抱えた上でなされているものであること。協議成立後に新たに別の遺産が発見されたときは、その分割協議に大きな影響を及ぼすときを除いて新たに発見されたものだけをまた分割すればよいものである。そういう事例、つまり残っていたものの一部の分割ということも時々行われている。本件でその**預金**というのは、今分割しようとしている遺産分割全体に匹敵するようなものなのか。そうでなければ、このまま進行するが、遺産探しはそのまま続けていてほしい。見付かったら本件の継続中ならいつでも出してくれ。それも当然付け加えるから。」と。

この説明にこれまで異論を唱えた当事者はいない。その上で待ってみても資料の提供がないときは、そのまま調停を進行することになる。

事実、当事者間で行われた**遺産分割協議で漏れた一部の遺産**についての遺産分割調停事件もしばしば実務で現れるのであるが、進行は、一般の遺産分割調停事件と変るところがない。前の遺産分割協議の効力が争われた事例はごく少数なのではあるまいか。また、相続人全員が知らなかったというような大きな遺産が遺産分割協議の後に発見されるなどということは稀有のことであろう。一部分割の問題についてはあとで詳しく述べる（第二部第一章⒇一二一頁）。

そうはいうものの、「まだ他に預貯金を隠している。」という主張は、単なる疑心暗鬼の場合もあるが、被相続人の死が今日明日と迫っているのに、一部の相続人がその預貯金の通帳と印鑑を持って金融機関を駆け回って預貯金を引下して隠匿したり、死亡直後、死体の重い白髪の頭を持ち上げて、その枕の下から、現金や預貯金通帳を探り出すというまさに鬼気迫る凄まじい事実も現実にあるのである。「まだ隠している。」という主張が、あながち根拠の薄いものではないのである。

(3)　前提問題一時棚上げの主張の対応

前提問題については、調停の出来るだけ早い時期にどう扱うのか、当事者の決断を促すべきだということはすでに述べたとおりであり、これは、ほとんどの家事審判官の一致した考えであろうと思われる。ここで、当事者双方が、前提問題を一時棚上げにしておいて、とりあえず調停をやってみようと言うことがある。話合いで紛争が解決できれば当事者としては、訴訟の諸経費も不要だし、手間もかからないということでまことに結構であり、調停委員会としてもやり甲斐がある。しかし、これは

前提問題
相続人の範囲や遺産の範囲などについて当事者（相続人）同士が争っているときは、最終的には訴訟手続を経て判決で確定されなければ結着しない事項（訴訟事項）である。

かなりの曲者である。棚上げしたままで一年も二年も調停を続けたあげく、話がうまくゆかないからやはり前提問題は、訴訟で解決して、それから話合いをやり直すということになったら、その間の調停委員会の努力もさることながら、当事者の時間の空費は取返しがつかないのである。

このような残念な事例は、間々見られるが、原因は、棚上げの方法にある。調停委員会側がウヤムヤのうちに棚上げをして進行するからこういうことになる。**棚上げを簡単に許してはならない**。ケースにもよるが、二、三回の調停期日で見極めをつける。また、期日の都度、当事者に棚上げしてある前提問題に軽く触れてみて、その時点での当事者の前提問題に対する感触を探ることを忘れてはならない。また前提問題棚上げにも、当事者は、この調停ではもう争わないでやるという場合があるが、そのときは、第一部第三章(8)（五一頁）で説明するいわゆる**中間期日調書を作成**することにした方が大きな効果が挙げられる。

(4)　特別受益及び寄与分の主張の有無の確認

特別受益及び寄与分の紛争は、どちらも家庭裁判所で取り扱う事件であって、訴訟では取り扱わないのであるが、調停の初期の段階では、これらの主張はあまり強く出てこないし、出るとしても、まず相手の出方を窺ってからキッチリやろうというのが、弁護士代理人のいる事件の通常の動き方であり、初めは、極めて大雑把な、先例に従ったのではとても認められそうもないことまで、分かっていながら書面で出してくる。こういうのを一つ一つまともに対応し、確認することはない。「ああ、言っているな。」くらいに心にとどめておいて、二、三回以降の期日からしっかりと対応する。これについては、後でまた考える（第一部第三章(4)四一頁など）。

(5)　必要資料の提出

第一回調停期日の結果、その調停で必要な資料で足りないものが明らかになる。そのような資料としては、次のようなものがある。

○相続税申告書　○借地契約書及びその土地の登記簿謄本　○未登記不動産については、**固定資産評価証明書　○地図（公図）○相続開始時の預貯金の残高証明書**　○第三者に遺産である不動産を賃貸しているときは、その契約書、賃料の収支を明らかにする計算書及び資料としての**預貯金通帳写し　○葬**

祭費、香典の明細書及びその資料など
これは、その事実の主張者や、保管者ごとに次回期日での提出を求め、相手の数だけの写しも持参してもらい、それらを、次回に相手に交付する。
ここで、遺産分割調停事件における資料の収集方法と調査嘱託についての実務の取扱いなどに触れてみる。少々理屈っぽくなるがお許し願いたい。
遺産分割調停事件は、その本質は**非訟事件**(訴訟手続によらない民事事件)であるが、一方では、当事者が任意処分の出来る財産上の紛争という面を持っているので、職権で調査を銀行などに嘱託してその回答を求める前にまずもって資料の収集は、財産取得のためなのだから当事者が行うべきであるというのが、調停委員多数の考え方である。もちろん、公益的要請のあるものの資料の収集、例えば、当事者の調停能力などについては、当然調停委員会が職権で調査を行う義務がある。そこで、「まだ他にも預金があると思われるから、銀行もよくわからないが、裁判所で調べてくれ」という要請には応ずるわけには行かないことになる。私は、「自分の権利はまず自分が守らなければならないことでしょう。調停委員会はそこまでお手伝い出来ませんよ」と断っている。事実、銀行の支店名、預金者名が判明していなければどうしようもないことである。しかし、それが判明しておりながら、銀行が、預金通帳の事実上の保管者である特定の相続人との取引関係を重視して、当事者が身分を明らかにして請求する**残高証明**や取引明細書の発行を拒否する場合があるので、このとき初めて、家庭裁判所が調

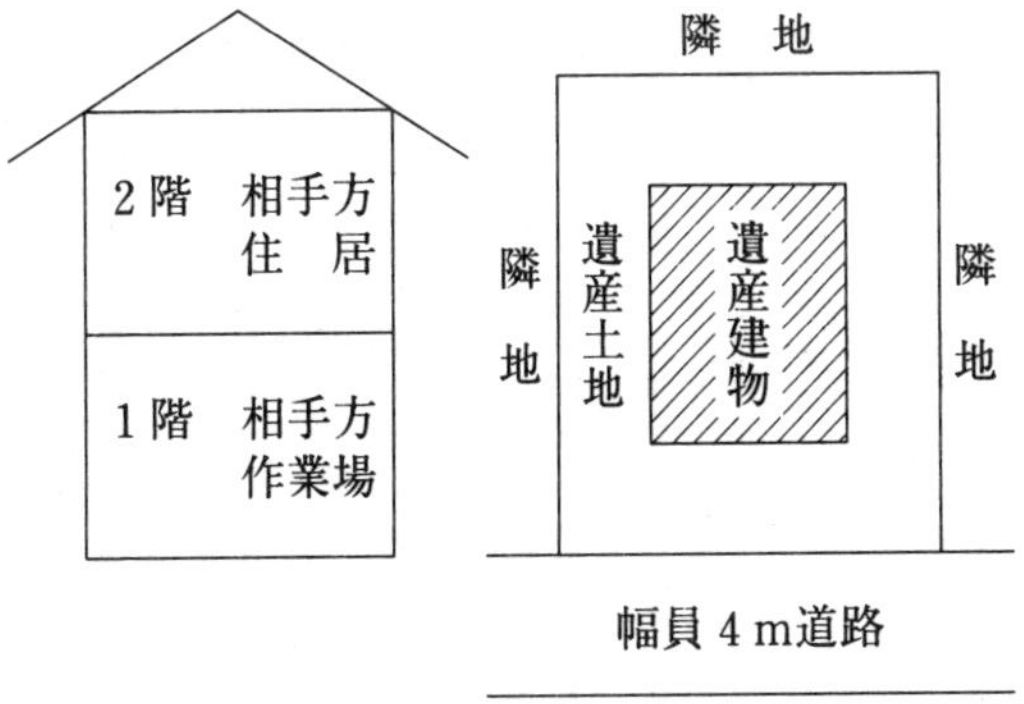

査嘱託を行っているのが実務の取扱いである。

なお、弁護士代理人がいる場合は、弁護士会を通じた照会を行っているのが通例である。

(6)　遺産不動産の見取図の作成と写真の提出要請

遺産分割調停では、必ず現場を見なければ進行できないというケースは少ないと思われるので、いわゆる**現地調停**はあまり行われていない。ほとんどの事件では、現場の見取図で事足りると考える。そこで、出来るだけ早い段階で現場の見取図を当事者に書いてもらい、作成者を明らかにして記録に添付しておく。この見取図には建物もその位置を明らかにして表示し、出来たら立体図もあった方がよいし、利用状況も記入しておく（作成例は**上図**参照）。この見取図は、家事調停委員の理解を深め、次回期日以降の記憶のよみがえり方が決定的に違ってくる。また、当事者との話し合いなどに用いる利用度も非常に高いので、是非お勧めしたい。また、調停委員会は現地調停を行うことはまれであるから、その状況を把握するため、現場の写真を当事者に求めることもしばしば必要となる。

(7) 多数当事者がいる場合の期日指定

多数の当事者がいて、しかも幾グループにも別れている事件では、全員を同時刻に呼出しても、待時間の長くなる当事者が出て、不平不満の種となるのは当り前であるから、グループごとに別時刻又は別の日に期日を指定する配慮が必要であると説かれている（巻末〔遺産分割の参考資料〕(1)本書一九三頁）。しかし、これは調停期日の一、二回目限りのことで、それ以降はかえって弊害が生じる。すなわち、もっとも時間を要する主な事情聴取は、一、二回で終わっているので、事件が進行してくると、出頭者の意見、主張を直ちにその期日に呼んでいない相手に伝えることが出来ず、みすみす一回の期日が無駄になるからである。同一の日の別時刻の指定ならとも角、別の日の指定は避けなければならない。

第三章　継続中の調停期日を充実させるにはどうするか

(1) 準　備

期日には当日でもよいから、**定刻前に必ず記録を読み直す**などして前回までの経過を把握しておくこと。これを怠ると、重要事項をすっかり忘れていたりして当事者の信頼を失ってしまう。調停委員が調停開始時刻ぎりぎりに調停室に駆け込むなどは許されないことである。

また、期日間に家庭裁判所調査官による調査があった場合、その調査報告書の提出があっても、家事調停委員には通常その都度知らせがあるわけではないし、期日の迫った時点での提出もあるから、調査報告書の提出が予定されている期日には、とくに早目に出勤して閲読する。その期日には、調査官も出席するはずであるから、疑問点をチェックしておいて、問いただしてから期日の開始を待つことにする。

(2) 復習と宿題の整理

まず、調停委員会から、前回の期日における**重要事項の確認**を全当事者に対し、個別に、あるいは全員同席の上で行う（確認の方法は、**第三部４**（一五六頁以下）に詳述する）。

次に、当事者に前回求めていた資料の提出を促し、宿題の整理を行う。資料には、それぞれ一面の見易い位置に提出者、提出年月日を記載し、相手に写しを交付したときは、副本受領と記載した傍らに、受領の認印又はサインをもらっておく。

(3)　当事者の提出書類の取扱い

調停期日には、当事者、とくに弁護士代理人のいる事件では、準備書面、上申書、報告書などの標目の提出が多いが、訴訟とは違い調停では、これらの書面は、前に触れた第一部第二章(5)の必要資料と異なり、常にその総てを相手に交付すべきものではない。調停委員会で閲読した後、その内容が相手方を著しく刺激し、今後の進行に悪影響を与えると思われるものは、提出者に断った上で交付しない取扱いをし、その書面に鉛筆でその旨を記載しておく。家事調停委員がその注意を怠り、このような書面を相手に交付してその憤激を買い、失敗する例が多い。書面が提出されたとき、右から左にすぐ渡さないで、まず目を通して危ないと思ったときは評議をする慎重さが求められる。**相手に書面を渡さないこと**と、**公平ということ**とは関係がない。家事調停事件の**申立書の副本**が相手方に送付されないのも右の理由からであるが、遺産分割調停事件では、**双方に弁護士代理人がいるときに限って、**合意の上、申立書の副本が相手方に交付されることも行われている。

(4) 特別受益及び寄与分の主張整理、取扱いとその調査結果の開示

特別受益や寄与分の主張は、弁護士代理人のいる場合は、まず相手の出方をみるためか当初から数字を挙げたこれらの主張は少なく、仮りに数字が出ていても根拠を示さない漠然としたものか、承知しながらの過大なものが多い。これらの主張は回をおって明らかになって、然るべきときにはきちんとした形をとる。そしてそれは書面で明らかにされるであろう。

弁護士代理人のいない事件での本人の**特別の寄与の主張**については、**寄与の態様**の別くらいは、明らかにさせておくことが必要である。すなわち、① 被相続人の事業に関する労務の提供又は財産上の給付、② 被相続人に対する療養看護、③ その他――家事労働、扶養などである。

寄与分については、調停が不成立となり、審判に移行した場合、その申立てがないのに判断すると、違法となるので、調停の段階で寄与分の主張があっても、その申立てのない場合、不成立にするときに申立てを促しておくかどうかということがあるが、これは、家事調停委員としては控えた方がよいと考える。仮りに、申立てを促すにしても、「手続き上の必要からだ」ということを念を押して行うことになるが、さもなくとも我田引水の気持の強い当事者などは、調停委員に申立てを促されたから大丈夫自分の主張が認められるものと誤解して、あとでそれが十分に認められないようになると、「調停委員が立件を勧めておきながらどういうことだ」という大きな不満が残る。

持戻し
相続人のなかで被相続人から特別受益といわれる生前贈与を受けたり、遺贈を受けたりしている者がいるときはその受け取った分を相続財産に加算する。これを持戻しと言い、その加算した額を基礎として一応の相続分を算出し、そこから特別受益分を控除して具体的相続分を決める。

まして、調停では、寄与分の立件はなくても成立は可能なのだから、調停の進行中には、立件を当事者に求めることは百害あって一利無しと心得るべきである。

さきにも触れたが、弁護士代理人のいる事件では、当初から**特別受益**、**寄与分**を明確にしてこない。これは、審判でトコトン争うことになるのか、相手の出方を見ての上でなければ手の内を明らかにしたくないので、相手の態度を見定めているからだと思われる（投射テスト交渉）。

そこで、調停の進め方としては、相手の争い方の強弱を早いうちに確かめて、主張する側の弁護士代理人に伝えてその主張をキチッとさせることにする。

そうして、特別受益、寄与分の対立が顕著になったときは、折をみて調停委員会で評議の上、調査官による調査を行った方が賢明である。その理由は、**調停委員の事実の聴取**には、時間的な制約が伴い、機動力もなく、専門的知識も不足であり、いたずらに調停回数が重なるばかりであり、かつ、特別受益、寄与分の認定に不可欠な事実の認定そのものにも誤りが生じ易いからである。

また、審判に移行した場合は、寄与分の主張及びその反論については、婚姻費用分担や扶養などの審判事件とは違って当事者主義のウエイトが大きくなるから、寄与分の申立人がその証拠資料を提出して立証する責任を負い（立証を尽さなければ、その寄与は認められない）、相手方は、反証を挙げて申立人の主張を揺るがす必要がある（揺るがすことができなければ、申立人の寄与は認められる）。以上を前提として、遺産分割調停において将来の審判への移行を見据えるならば、寄与分以外の大きな争点整理がまだ出来ていない段階で、早々と寄与分の主張を取り上げてみたり、家庭裁判所調査官にその調査を任そうとしてはならない。また、相手にその反論を勧めたり、その資料の提出を促すこともつつしむべきである。さらに、「A当事者が寄与分を主張するなら、自分にもある」と主張する当事者には、寄与分は、相続人間の寄与の度合いを比較して定めるものではないということをしっかり説明しておくことが必要である。

なお、寄与分については、☆ハーフ・タイム☆の〔遺産分割に関する参考文献〕（一三九頁以下）で挙げる、「調停時報」、「ケース研究」の家事調停委員向けのものから、一般向けのものまで、汗牛充棟とは言わないまでも、異状なほどの論稿が発表されている。しかし、家事調停委員としては、それはそれとして知識としてだけ押さえておくべきであって、その知識を、当事者にひけらかすごとく説得の材料として用いるべきではない。「生兵法《なまびょうほう》は大疵《おおきず》のもと」となりかねないからである。また、「事実認定を誤り易い」と言ったのは、法曹家としての訓練を経ていない一般の家事調停委員は思い込みの自己規制がむづかしかろうからという理由で、「餅は餅屋」に任せるのがたしかである。そういうことで、あえてここには、寄与分の割合の具体的な実務基準には触れないこととした。

次に問題となるのは、特別受益や、**寄与分の調査の結果の開示の方法**である。

この開示の本質は、家事事件記録を開示することと異なるところがないのであるから、開示には必ず家庭裁判所（家事審判官）の許可を要するということが前提である（家事事件記録の閲覧謄写は、家庭裁判所の許可が必要である）。調査結果の読み上げもまた開示であるから、家事調停委員が独断で全文を読み上げるなどということは許されるべきものではない。

私は特別受益及び寄与分の調査の結果の開示に限って言えば、次のように考える。

それは、以下に述べる方法を執るということを条件で、家事審判官及び家庭裁判所調査官と開示内容を十分打合せし、かつ、家庭裁判所調査官の立合いのもとでの開示ならば、むしろ、事件の早期進行に役立つので原則として開示すべきであると考えている。

その条件としての方法というのは、第一に、できるだけ双方の当事者を同席させて行う。そうして、開示に引き続いて、同席のままで双方の当事者からの質問を、家庭裁判所調査官にその場で受けてもらうことにする。こういう方法をとるのは、当事者双方と家事調停委員の理解を共通にし、当事者双方に公平感を与えるからである。第二に、数字は、生のまま開示すべきではない。その数字は、開示前の評議に基づき幅のある数字で開示しなければならない。例えば、調査結果が、「寄与分はない」ということであれば、「寄与分の主張を通すのは、極めて困難という結論です。」とか、「五％ならば、「一桁の半ば前後」、「八％」なら「一〇％に近いようです。」というように工夫した開示にとどめるべきである。これは、事件が審判に移行した場合、審問の結果などから調査結果と異なる判断が示されることもあり得るからで、そのとき不利になった当事者の審判に対する不信は拭い去ることのできないあと味の悪いものになるだろうからである。生の数字を出さないことは当事者をだますことではないのである。決定に近いけれどもまだ不確定要素が残っているからなのである。一九九八年二月アメリカがイラク攻撃をする時期について、オルブライト国防長官は報導機関に対し、「イラク攻撃はこの数日中でもなければ二、三ヶ月先でもない。数週間内だ」と述べたとされる。生の数字を出さずに開示した一例である。

以上の調査結果の開示の方法は、開示者を除いたすべての点で次項に説明する不動産鑑定士である家事調停委員の意見の開陳についても同様である。

(5)　不動産評価について争いのある場合の対応策

イ　当事者による調査

当事者双方が、鑑定まですることはない、自分達で調査し折合いをつけようということがある。そのときの方法として、実勢価格でゆこうという場合は、口頭での調査の報告は避け、不動産業者等が売買実例をもとにして作成した書面を双方から提出してもらい、双方同席のところで同時に書面を開く方法が望ましい。同時というのは無用の駆け引きを防止するためである。この方法でも双方の調査結果に大きな隔たりのないのが普通である。その他、一般に言われている評価の高い順ということで並べると、公的なものとして、いわゆる公示地価（国土交通省）、基準地価（都道府県）、路線価（国税庁）、固定資産税評価額（自治省・地方自治体）があるが、このいずれかの評価で分割することを当事者間で合意することがある。それは、それで当事者が調査した結果に基づくものであるから全く問題はない。

ロ　専門委員の関与〔簡易評価〕

不動産鑑定士である家事調停委員は、**公認会計士**である家事調停委員や、**税理士**である家事調停委員とともに**専門委員**と呼ばれ、主に遺産分割事件で活躍しているが、その不動産鑑定士である家事調停委員が遺産分割調停事件に関与する方法は二つある。

その一つは、意見聴取方式で、その事件の調停委員とはならないでその調停委員会に意見を述べるやり方である（評議には加わらない）。この方法は、現在は東京家庭裁判所ではあまり行われていなく、二つ目の方法、つまり、その事件の家事調停委員として指定されて関与する方法が主流となっている。それも、当初からということでなく、必要となったときに関与し、任務が終了した段階で指定を解かれる方法が多いようである。

では、専門委員が関与する場合はどういう条件のもとでなければならないか、また、関与の仕方はどうかということについて見てみる。

関与の一般条件として次のようなことが挙げられる。①物件が少ないこと、②当事者の経済的能力が低いこと、③原則として住宅地であること、④調停成立の見込みが高いこと、⑤当事者全員が、専門委員の調査結果に基づく評価の意見がたとえ自己に不利であっても最大限に尊重する旨合意していること。この⑤の合意の取り付けが重要で、合意は、弁護士である代理人ではなく、当事者本人から取り付ける。弁護士代理人は前言をひるがえすことはないが、本人は、必ずしもそうではない。そのとき代理人は苦境に立たされ、調停が円滑に進まなくなってしまう。この合意がなければ専門委員の関与は全く無駄と言ってよい。

関与の仕方は、鑑定人ではないので、鑑定書ないしは、これに類似の書面を出す必要はない。現地を見なければならないこともない。通常、当事者から事件に応じて、図面や、現場の写真、賃貸借契約書、住宅地図など種々の資料の提供を受けて調査を行う。関与の回数は二回が普通である。その二回目に、専門委員から結果の意見を開陳し、当事者らと質疑応答が行われる。その関係は、家庭裁判所調査官の調査結果の開示について前項で述べたとおりである。

なお、この方法は、「**簡易鑑定**」と呼ばれることもあるが、次の鑑定とまぎらわしいのでこの語を避けるべきで、当事者に対して「**鑑易評価**」と説明した方がよい。

代償財産と代償金

相続開始時から遺産分割開始時までに遺産が形を変えて残っていることがある。これを代償財産という。例えば、一人の相続人が勝手に売却した不動産の代金など。代償金とは、一人の相続人の遺産（不動産が多い）取得額がその相続分を超過したとき、その超過分を金銭の債務負担の方法で清算させるときその金銭を代償金という。

八　鑑　定

鑑定は、評価方法のうち、最も信頼度の高いものであることは言うまでもなく、当事者の要望があるときは、最終的にこの方法によるが、遺産分割調停事件の合意の大筋が固まってきて、あとは不動産の評価が争点して残ったというようなときに行うべきだと考える。早い段階で鑑定をしても、仮りに審判に移行した場合、価格が変動していてその鑑定結果を使うことが出来ず（いわゆる鑑定の「賞味期限」は現在では一年くらいか）、再鑑定を必要とすることになっては費用が無駄になるからである。とにかくみだりに鑑定を急がないことである。調停成立の見込みが近いところまで話が詰まってきているときに行い、仮りにそれが見込み違いで御破算になっても、当事者の数が少なく、内容も簡単であり、審判移行後直ちに審理が終結できるような事案が単純なものに限られるべきであると考える。家事調停委員は、鑑定は審判においてなされるのを原則とするくらいに考えて、「鑑定」の話を軽々しく持出すべきではない。また、専門委員の意見の場合と同じように、当事者全員から、鑑定結果を尊重する旨の合意を出来るなら(8)の**中間期日調書**の形で残しておかないと、後日、鑑定合戦が始まり、調停は恐らく成立しないことになる。

(6)　土地の現物分割の測量、分筆手続き及びその費用負担

遺産である土地を現物で分割することがしばしば行われるが、おおよその形での分割の合意ができたところで、その現物の分割をする当事者間で正式の測量と、可能ならばそれに基づく分筆の登記手続きを経た上で、測量図面、あるいは登記簿謄本を持参してもらって調停を成立させる。その費用は通常、現実の各当事者の取得の割合となる。また、その測量、登記申請手続きは、**土地家屋調査士**が行うことになる（登記をするための測量は、必ず土地家屋調査士でなければならない）が、当事者の窓口は誰か一人に定めておくこととする。測量の期間は、いわゆる官民査定の関係でマチマチなのであるが、次回期日を定める際、長期間を要するときでも、追って指定というのは避けて、途中に中間報告を求める期日を指定した方がよい。

(7) 調停進行中に不動産を任意売却し売却費用を控除した残額を分割する場合の問題点

標記の場合の問題を考えるとき、誰がその任に当るかということと、売却の期限をどうするかということが上がってくる。

イ　売却手続きを行う代行者の決定

この問題は、前項の測量、分筆手続きの窓口を誰にするかということより、やや複雑である。高額に売れる方が双方の共通の利益ではあるが、紛争の経緯があるので、代理人弁護士がいるなら、その代理人に任せる。本人だけのときは、次の売却期間などとともに代行者合意の中間期日調書を作成してもらっておいた方がよいと思われる。

ロ　売却期間

ずるずると売れるまで「期日を追って指定」としておくわけにはもちろんゆかない。では、一応の売却の期限をどの位に設定するか。これには、不動産業者との一般の売買媒介契約を目安とすべきであろう。

その契約形態には、①本人と買受人との直接の売買契約及び他の不動産業者との媒介契約を許す通常の「一般媒介契約」、②他の不動産業者との媒介契約は許さないが、本人と買受人との直接の売買契約は許す「専任媒介契約」、③本人の直接契約も許さず本人が頼んだ不動産業者が見つけた買主以外には売買できない「専属専任媒介契約」がある。手数料は、すべて同一である。②と③は依頼主を拘束しているので有効期間は三ヶ月以内とされているが更新は可能である。また不動産業者には②の契約については二週間に一回以上、③の契約については一週間に一回以上その不動産をめぐる動きを本人に報告する義務がある。そこでその三ヶ月を一応売却期限と定めて、②又は③の媒介契約を当事者に結ばせる。また、②と③の契約をすれば各地域ごとの不動産業者をオンラインで結んだネットワーク、指定流通機構に物件情報が登録されるので、買主が見つかりやすいからその不動産が売れそうなのか、売れる見込みが立たないのかということまで見当がつく。しかし、更新は一回までにした方がよくはないかと思う。半年たっても売れないときは、調停中の任意売却はやめて、調停後に当事者らが協力して任意売却し、その代金を分割する方式に切替えて調停を成立させるのがよいであろう。

(8)　いわゆる中間期日（中間合意）調書を作成する場合とその効果

すでに中間期日調書を作成してもらう場面の幾つかは紹介してきた。ここでは、その問題点と、留意点とを幾つか考えてみようと思う。

まず形式面から。

中間期日調書あるいは、中間合意調書と呼ばれているものは、調停進行中に、当事者が一部の争いについて合意に達したとき、その合意内容を調書の上で確定するもので、以後、その内容にそって調停を進行することになる。

次に、実質面では。

裁判所書記官が作成した調書であるから、当然に**公証力**がある（反対あり）。だから、後に当事者が、調書作成の時点で合意をしたという事実（当事者が自らの処分権を排除した事実）はなかったと主張することはできない。しかし、一方、**成立調書**とは異なり、**確定した判決（審判）と同一の効力を有しない**ので内容の撤回は可能で、これを阻止する手段はない。

では、中間期日調書は、調停でどのような効果を発揮できるのか。

当事者が、合理的理由がないのに、撤回を主張したときには、審判移行の場合を想定させた方がよい。中間合意を妥当とした裁判官が、審判においてそれと相反する判断を示すかどうか。又、仮りに不服として抗告したとしても、抗告審でそのような手続き上の信義則違背の抗告理由を認めるかどうかということである。だから、相手が、合意の撤回を認容するならともかく、調停委員会としては、不成立もやむを得ないという強い決意と態度で対応すべきであり、そうでなければ、調停委員会の威信は保てないことになる。

ここで、中間期日調書を作成しようと持ち出すだけで生じた効果の例を紹介しよう。

公正証書遺言について無効を主張しつつ遺産分割調停の申立てをした相続人が、法定相続分と、遺留分相当額の中間に近い額で話をまとめたいとしているのに対し、相手方が、公正証書遺言は有効だから、**遺留分相当額**に若干の上積みしか考えないと主張した事案であった。このとき、調停委員会から、公正証書遺言を有効と認めて今後進行する旨の中間期日調停を作成してはどうかと提案したところ、申立人は、公正証書遺言無効の訴訟を提起するからと、直ちにその調停を取り下げた。これは、中間期日調書を作成した後に話合いが決裂し、調停を取下げ、訴訟を提起しても、相手に中間合意調書をいかなる用い方をされるにせよ、証拠として提出された場合をおもんぱかって取下げに及んだものとも考えられる。

このような例は別としても、**しばしばと主張を変える当事者**がいるときには、中間期日調書は、心理的効果も含めて重要な効果を持っている。

なお、当事者間に基本的な問題について合意ができたときは、ただその基本合意を中間期日調書に記載するだけではなく、なお継続協議を行う付随の事項をも併記した上、その付随事項の協議の結果によって基本的事項を変更しない旨の合意を得てこれをもその中間期日調書に記載するとより効果があろう。

ただ、前提問題でも相続人排除など対世的効力のある形成判断を要する事項については、中間合意

（記載例）
8　遺産目録番号6記載の土地上の調停外○○○○（相手方○○○○の妻）名義の建物の処置及び同目録番号10乃至13記載の土地の分割については未定とし、今後も協議を継続する。ただし、その協議の結果によって本条項1乃至7の合意事項を変更しない。

は出来ない。

中間合意は、その合意事項に関係する当事者だけの合意でよく、**成立調書作成**のときのように、必ずしも当事者全員が出頭した席上でなくとも可能と考えられる。

また、さきに述べたように中間期日調書は、確定した判決（審判）と同一の効力を有しないから、より当事者を拘束し次回以降の調停を確実に進行させる必要のあるときは、場合によっては次の方法をとる。すなわち、当事者のうちその中間合意を確定することに利益のある当事者にその期日中にその合意を求める旨の別件の一般調停の申立（件名は、「**遺産に関する紛争解決**」あるいは「**親族間の紛争解決**」でよいだろう）をさせ、これに基づいてその合意を正式な調停調書（成立）に記載することである。

第四章　成立直前の調停期日にとくに注意することは何か

(1)　成立時に必要な注意事項にはどのようなものがあるか、またその徹底はどうするのか

イ　当事者の出頭確保

本人が多数のときは、不出頭が予定される当事者や不慮の不出頭に備え、頭数の確保のため弁護士でない者が当事者の代理人になるには、家庭裁判所（家事審判官）の許可が必要であることを説明し、その許可申請書及びその添付書類（本人と代理人との関係を明らかにする戸籍謄本など）の用紙を交付してその持参を求めておく。

ロ　弁護士代理人の双方代理

委任当事者本人の一部の欠席が予想されるときは、一応巻末［遺産分割の参考資料］(2)（一九三頁）にいう、関係人らの**双方代理を許諾する旨の印鑑証明書付きの書面**の準備を促しておくが、一般に弁護士代理人は双方代理の問題に敏感であるから、問題は生じない。

ハ　代償金の支払い方法

銀行振込みのあるときは、代償金を受領する当事者にその口座番号を明らかにしてくるように求め、多額の現金持参のときは、銀行の関係があるから期日の時刻指定は、午後とする配慮があってよい。

(2)　条項案の摺合わせ

条項案が複雑なものであり、双方に弁護士代理人がいるときは、成立期日前に双方代理人に条項案を作成の上、その摺合わせを行ってもらい、成立期日の前に家事審判官の検討を経ておくことが望ましい。弁護士代理人のいないときは、家事調停委員がせめて、条項案の骨子くらいは作成して、担当の裁判所書記官に渡しておくべきであろう。

(3)　複数期日の設定

当事者の合意の気運が高まっているときや、次回が成立予定であっても、その間の作業が資金調達のときの銀行など第三者の介在を要する場合があって、遅れることが予想されるときでも、次回期日を先送りにすることはない。二回以上あまり間を置かないで設定しておくとよい。当事者の折角の意欲を失わせてはならないからである。また、多数グループが対立する事件で各グループにそれぞれ弁護士代理人が選任されている場合は、次回期日の調整が困難であるからやはり二回以上の期日を指定してゆく配慮がのぞましい。

第五章　調停が成立するときの期日ですることは何か

通常のケースでは、家事審判官の入室前に裁判所書記官の入室を求めて申立書記載の当事者の住所の変更の有無及び条項案の当事者に対する再確認、当事者が用意した即時支払いのための金円、小切手の確認など万全の構えをとってから当事者を退室させて、家事審判官を迎え、十分評議を尽くしてから厳粛な雰囲気のもとで当事者双方を入室させる。

しかし、成立のチャンスが思いがけなく訪れることがある。このときは、ためらうことなく成立させるべきである。熟考を促すということで続行したため、話が振出しに戻った例も聞かれる。身分関係の事件、例えば、夫婦関係の事件ならば、熟考させる必要のあることもあろうが、財産紛争では、双方がよしとするならば、今更、熟考などということはほとんどないはずである。直ちに家事審判官を通じて裁判所書記官の入室を求めてよい。

次に、成立時にたまたま相調停委員が欠席する場合があるが、この場合の家庭裁判所の対応は二通りある。一つは、急遽手の空いている家事調停委員を指定して、あくまでも調停委員会を構成した上で成立させる。もう一つは、家事審判官の単独調停に切り替えて成立させる（もちろん、一人の家事調停委員は同席している）。という方法である。私は、後者がすっきりすると考えている。複雑な遺産分割事件で何も事情を知らない家事調停委員を並び大名とすることはないと考えるからである。欠席しなかった一人の家事調停委員の名が調書に残ろうが残るまいがどうでもよいことである。事情の説明とともに**単独調停に付する旨の家事審判官の告知**のもとに調停が成立すればそれでよいので、むしろ、当事者から見ればそれまで関係のなかった者の出席の方が奇異に感じられるのである。

第六章　調停が不成立のときの期日ですることは何か

家事調停委員だけで不成立と決めつけてはならない。家事審判官と評議を十分行い、場合によっては、家事審判官による最後の説得、その中には審判の見とおしなども含めて行うことにする。この最後の話合いの成功率はかなり高いようである。

なお、**不成立による終了**は、必ずしも当事者の出席している調停期日でなくとも行うことができる。

第七章　調停委員が「事実の調査」を行うときの留意点は何か

――調停の初期段階での事実の把握の方向と方法・整理と進め方――

第一回調停期日の前に当該調停委員会を構成する家事調停委員の一人に事件全般について事実の調査が命じられる例がある。目的は、集中的に当事者から事情聴取を行い、争点を明らかにし、これにより処理方針を早期に確定することにあるとされる。この調査は、運用の方法によっては、当事者から無用の誤解を受け、批判の対象となると思われる。以下、批判を想定して注意しなければならない事項を幾つか取り上げてみよう。

(1)　**事実の調査**を命じられた家事調停委員は、命じられた事項が、事実の調査に限られていることを厳格に認識し、その範囲を逸脱してはならない。当事者に対する最初のガイダンスではっきりと、これから行うのは、**単独調停ではないこと**、つまり双方の調整活動や、説得を行う場でないことを告げるべきである。一人で行う調停（単独調停）まがいの行為が批判を招くことになる。単独調停は家事調停委員は出来ない。出来るのは家事審判官だけなのである。

(2)　この調査は早く終了すること。ダラダラと回数を重ねたのでは百害あって一利なしになる。通常の事例なら二回の調査で終了する。

(3)　この調査は、当事者に対し、一人で対応するものであるから、言動には特に注意する。当事者と担当家事調停委員との間に何らかのトラブルが発生したときは、その後始まる調停の運営に直接影響するから、直ちに評議を行い、事実の調査を打ち切って第一回調停期日に移行する措置が必要である。

(4)　調停委員会に報告する方法は、口頭や期日ごとのメモでは不十分である。全体を通じたもので、今後の解決の見とおしまで記載した一通の書面で行う。

以下に、事実の調査の結果報告書の例を参考までに二つ挙げるが、この例からは、事実の調査の報告の参考としてだけではなく、調停の初期段階での事実の把握の方向と方法、整理及び進め方などをくみ取っていただいたら幸いである。

なお、挙げる例は二つともフィクションであることをお断わりしておく。また、実際の報告書は横書きである（文書日付、あて名、報告者氏名、標題、前文は省略した）。

例㈠　遺産（不動産）について、所有権を主張する第三者がいる場合

第一　本件遺産不動産について所有権を主張する第三者の存在とその排除

1　本件遺産は、申立書添付の物件目録記載の土地及び建物各一筆ずつであるところ、別紙親族等関係図に表示するXなる人物が本件遺産不動産のすべてについてその真実の所有者は自分であって、登記簿上たまたま被相続人が所有者名義人になっているだけであると主張して弁護士Jを代理人に選任し、本件の事実上の利害関係人（家事審判法二〇条、一二条による参加許可の審判を得たものではない）として二回にわたり調査期日に現れ、その都度、前記の所有権を主張する訴訟を近日中に提起する予定であると述べながら、本件調停に参加してもよいような素振りを見せた。しかし、今日に至るまでその訴訟の提起はない。これに対して申立人らは、Xが本件遺産について所有権を争う訴訟を提起するならば、その段階で直ちに本件調停は取下げると述べると同時に、Xと相手方らは父を同じくしているところから、裏で結託して本件の引き延しを図っているのか、あるいは、駆け引きの材料として使って相手方らの具体的相続分をふやそうとしているのでないかという疑念を表明した。

2　以上の経過を踏まえて、今後引き続いてXの訴訟提起がなされるのか否か不明な状態のままで本件の進行をとめておくことはできないし、進行した後、取下げとなったときは、それまでの調停が

例㈠　親族等関係図

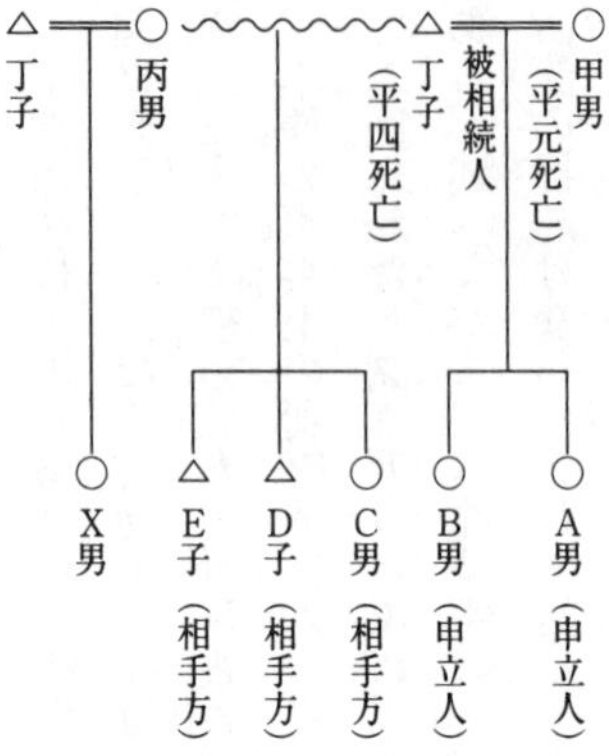

無駄になることは明白であると判断し、調停委員会で進行について評議を経た上で、その結論に基づき家庭裁判所調査官○○○○立合のもとで平成○年○月○日出頭した全関係人（申立人ら代理人H弁護士、相手方Cの代理人I弁護士、相手方D及びXの代理人J弁護士）に対し、本日までXから訴訟提起を含め、何らの措置も執られていないこと、またその紛争は本来訴訟手続きで解決すべきで、非訟手続事件である本件には参加の余地はないと思われるので、今後はX本人及びその代理人J弁護士の当調停委員会への出席を認めないことになった旨通告し、なお、調停委員による事実の調査は本日で打切り、調停手続に入ると告知した。これについては、右の出頭した全関係人はいずれも不平、不満をいうことなく了承して退席した。

3　今後Xがどう出てくるかわからないが、調停委員会から同人を排除するとおそらく同人にとっては最悪の結果が伝えられたのであるから、このまま引き下がるか何らかの措置を執る以外の方法はないと思われる。本件調停は、Ｘの将来の行動が後者の可能性が残っている限りでは、終局までリスクを抱えながら進行することになる。

4　なお、申立人らによると、調停係属前にＸから話がまとまるなら遺産総額の二〇％の代償でよいとの申出があったが拒否したとのことである。

第二　本件遺産の現状と分割方法の問題点

1　遺産の現状

相手方Ｃによると、本件建物は現在空室となっているが、屋内には、被相続人の家具、衣類、日用品などいわゆる家財道具一式が放置されているとのことであるので、第一回調停期日までに申立代理人が現地で調査してくることになっている。もし、相手方Ｃの言うとおりであるならば、次項の強制売却を予想して、本件調停中に、当事者双方の協力を得て、家財道具を処分しておくことが望ましい。

2　分割の方法

当事者の中で、現在まで代償金を支払って本件遺産不動産を取得したいと希望する者はいない。すなわち、申立人らは、任意売却、強制売却のいずれでもよいが、売却した換価代金の分割を希望している。相手方らもまたいずれも代償金支払い能力はないものと考えられる。従って、本件は、審判移行、鑑定、強制売却の道をたどることも予測されるケースである。

第三　当事者の中に意思能力について問題となる当事者の存在

申立人らによると、相手方Eは、現在精神病院に入院中であるが、病名等の詳細は不明である。可能な限りは、申立人らにおいて調査するが、なお不明のときは裁判所の調査を願いたいとのことである。その結果次第で調停の進行が左右されることとなる。

第四　本件の進行の見とおし

以上の調査結果は、いずれも通常の調停の進行を大きく遅らせる徴候を示していると言わざるを得ないので、早い段階での進行の見極めと、方向づけが特に必要である。

例㈡　遺言書の存在が疑われ、遺産の範囲に争いがあるものの、一時棚上げして調停の進行を図ろうとする事例

第一　遺言書の存在の疑いについて

申立人Cは、押印のある遺言書を見たことがあると述べ、相手方Bは、被相続人の生存中に当事者全員が遺言書を見ているのだが、死亡後は見てもいないし、存在も分からなくなっていると述べた。申立人は知らないと述べている。

本件では、遺言書はないものとして進行することで当事者全員が了承した。

第二　相続人の範囲について

当事者全員、相続人が本件当事者だけであることに争いはない。

第三　遺産の範囲とその現状等について

1　遺産の範囲とその紛争

(1)　申立書添付の遺産目録の土地及び建物並びに預金が遺産であることに当事者全員に争いがない。

(2)　だが、相手方は、

申立書添付の遺産目録（建物）番号2記載の遺産建物の敷地である東京都杉並区○○町○○番地一四○m²は、現在、申立人Cの所有名義となっていて、遺産目録（土地）には掲げられていないが、これは遺産であると主張する（相手方は、右土地の登記簿謄本を提出した）。すなわち、真実は、被相続人が、昭和三〇年ころ、右の土地を購入したものであるが、その際、相手方の「杉並区の土地購入の経緯」と題する平成○年○月○日付け書面記載の理由で申立人C名義にしたものである。仮りにこれが認められないにしても被相続人から申立人Cに対する生前贈与で申立人Cの特別受益である。

もし、申立人Cがあくまでも右の土地がその所有であると主張するのであれば、訴訟をやればよい。こちらは受けて立つ用意がある。

旨述べた。

(3)　申立人Cは、右(2)の主張に対して、平成○年○月○日付け上申書のとおり、その土地は同人の固有財産であり、特別受益にも当たらないと主張し、被相続人に対し、建物所有を目的とする使用貸借をさせていたものであると付言した。

(4)　申立人Aは、右の紛争の土地が遺産であるのか、申立人Cの固有の財産であるのか、自分は微妙な立場にあるのでコメントはしないが、相手方は、従前から遺産であると主張していた旨述べた。

(5)　右のように遺産の範囲について争いのあるところ、申立人Cは、相手方Bの債務について付せられた本件不動産の根抵当権の被担保債権の資料（残存債務額、返済計画等）の提出を求め、その内容を見て本件遺産の範囲を訴訟で争うことなく本件で決着してもよいかどうかを検討したいと述べ、相手方Bは、求められた資料を債務一覧表とともに第一回調停期日に提出すると回答した。

例(二)　相続人関係図

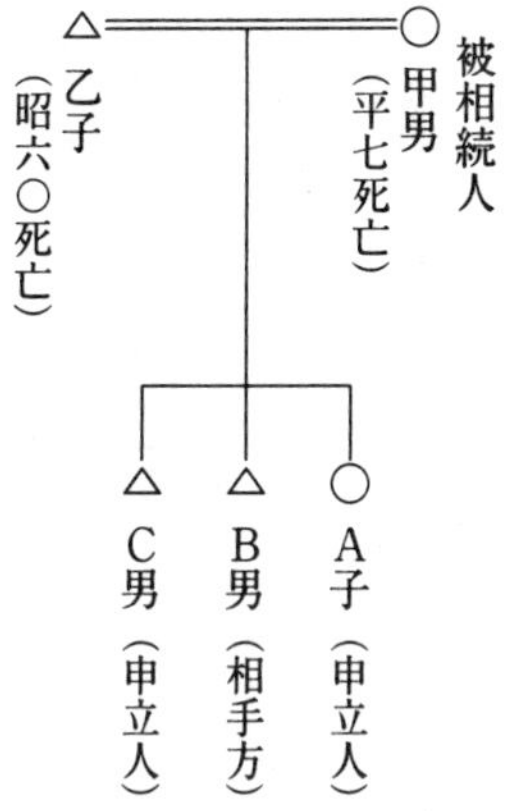

2　遺産の現状

本件遺産のうち、遺産目録の土地及び建物番号1の建物は、被相続人が生前生活していた所であるが、現在は、空家で誰も使用していない。家財道具が若干放置されている。

３　葬儀費用

被相続人の葬儀費用は、被相続人の預金で支払い、預金の残りは、相続人三人が、すでに平等に分配した。

第四　分割の希望

１　申立人Ａ

代償金の取得を希望している。

２　申立人Ｃ

前記のように相手方の債務の状況を検討した上で案を出したいとしている。

３　相手方Ｂ

遺産目録（建物）番号２を取得したい意向である。

第五　対立の構図

一応申立人ら二人のグループと相手方の対立の構図であるが、尖鋭に対立するのは、申立人Cと相手方Bで、申立人Aは一歩離れたところからこれを見ている。

第六　本件進行の見とおし

相手方は、申立人Cが「遺産の範囲を訴訟で争うならば受けて立つ」と述べているが、訴訟は、相手方が原告として提起すべきなのに、「受けて立つ」というのはその債務の弁済の引き伸ばしを図るズルサ以外の何ものでもない。しかし、自分は譲るところは譲って本件での解決を目指したいと述べた。したがって、進行は予断を許さないが、一応事実の調査を終了したので、調停委員会で調整を試みる段階である。

(5)　さて、第一回調停期日後の問題点では、相調停委員との連携プレーを特に問題としなければならない。事実の調査を経ない事件では、調停委員の交替がない限り二人の家事調停委員は、同じ位置からのスタートであるが、事実の調査を経た事件は違う。一方は、すでに当事者と接しているのに、一方は記録を読んだだけであるのだから、当事者の構え方も異なっている。事実の調査をした家事調停委員は、独走しがちだと言われる。新しく参加した家事調停委員の意見を尊重した進行を心がける必要がある。

(6)　極めて実務的なことであるが、当事者の回答による主張整理表が裁判所書記官の手によって作成されているときは、これをよく検討し、回答書の内容が当事者の誤解に基づいている場合は、改めて作成し直し、該当部分を赤字で訂正して報告書の末尾に添付しておくのがよい。

第八章　調停期日全体を通して進行上問題となるものにどういうものがあるか

(1)　審判を意識してどういうことを心がけなければならないか

遺産分割事件においては、調停が不成立になったときは、自動的に、直ちに審判に移行する。したがって、家事調停委員としては、調停中も常に審判との有機的関連を踏まえて、審判を意識しながら調停を進める必要がある。その中には、すでに重要な事項、例えば、寄与分に関する調査結果内容の開示の方法、中間合意調書などについて触れたが、更に考えてみることにする。このあと(4)の末尾でも関連する事項がある。

イ　審判において分割の対象とならない財産の活用を図る

審判においては、当事者全員の同意がなければその対象とならないが、調停においては、遺産分割の対象として取り上げているいわば「見なし遺産、見なし債務」である葬儀費用（香典）、死亡退職金、また家賃収入などの遺産からの収益、あるいは預貯金、相続債務などについては、当事者にとっては当然見過ごし難いものである。そのため、当事者は調停不成立のときは、これらが全員の同意が得られなければ、別途解決しなければならないと聞けば、多少譲歩しても調停内で事件を解決しようという気持ちが出でくる。そういうことで、調停委員会としては、右の事実、すなわち審判移行の場合の「見なし遺産、見なし債務」の取扱いを当事者らに警告し、注意を促すことも必要である。この「警告」については後述するが、「脅し」とは全く異なるものである。

ロ　証拠説明書の提出

事件によっては、弁護士代理人から、数多くの証拠資料が提出されるが、標題からでは後で何のために提出されたのか分からなくなるものがあるし、標題のないものもある。審判になると、時間の経過も伴い、さらに不明のものが出てくる。そこで、多数の証拠が出るときは、審判に備えて証拠の説明書を別途提出するよう促すことが必要である。

ハ　代償金の支払意思と能力の確認

審判において代償金の支払いを命じる方法によって遺産の分割をするときは、その支払いを命ずるべき共同相続人に債務を負担する意思があり、かつ、現実にその支払能力がなければならないとされるから、審判手続きにおいて、当然、家事審判官によりその意思と能力は再確認される筈であるけれども、調停手続きで審判移行も予想され、また、代償金支払いの意思と能力とについて危惧が感じられる当事者の場合は、その意思と能力がある旨の確認をとって、記録に残しておくことが万全の措置である。その記録は、家事調停委員の手控えでは役に立たない。それは正規の記録でないからである。ここは、やはり中間期日調書の出番ということになる。

なお、**定年退職者の場合や専業主婦の遺産不動産の取得**に当たり、代償金支払い資金調達のため、取得予定の不動産を担保に提供するからと銀行に融資を申し込んでも銀行は支払能力がないとしてこれに応じないのが普通である。その場合は、取得者の子や夫名義で借り入れることを検討させ、また、そのときはその不動産をその子、夫に相続させる旨の遺言書を用意させるような助言もしてよいかも知れない。

(2)　相調停委員との相互理解をどのようにして構築するか

相調停委員といえども互に人間であるから、相性の善し悪しもあろうし、それに伴った問題が起きるのも当然である。しかし、それを克服して、当事者の期待に応えるということは、家事調停委員の責務である。

以下、私の考えを述べる。

古典的なというか、普遍的なというか、圧力と譲歩、辛さと甘さを交互に切り替えて交渉を進める方法を二人で行うやり方がある。これを調停委員が実行しようという考えで強硬な発言をする者と、ソフトな発言をする者とを組合せる方法である。

いわば、子供の教育をするときの父親役と母親役を家事調停委員二人が演じようというのであるが、このような古いワンパターンだけでは、現代の当事者や弁護士代理人の目には下手をすると素人喜劇としか映らないと思われる。

さて、ではどういう方法をとるか。

相調停委員とのパートナーシップについて、事実の調査をした家事調停委員のあり方は、前に述べた。通常の場合は、期日開始前後の協議は必要的である。調停中も必要が出たら、当事者に退室を求めて行ったり、**当事者の事情聴取**のための交替の時に行う。事情聴取などの当事者との話合い、あるいは説得は当事者一人に対しても家事調停委員二人が交替で行う。それは、一方が当事者と話し合っているとき、他方は、その間にメモを取りながら、客観的に当事者をみることができるし、正確に事実を把握し、次の対策を考えることができる。そうして潮時をみて交替する。また、家事調停委員の一人が当事者から理不尽な攻撃にさらされたときは、短絡的な反応を示さないよう他方が直ちに割って入り、フォローすることになる。

読者の中にはこのようなことは理想論に過ぎないと思う方があるかも知れないが、事実、私は何人かの相調停委員と実行している。そもそも調停委員がペアで仕事をするのは、家事調停委員一人一人価値観に相違があること、独善的過誤もあるから、それを排除すること、当事者の信頼を確保することなどの必要があるからである。一人の家事調停委員の独走とみられる行為は絶対に許されない。

ところで、では、家事調停委員二人が、常に説得を同一口調であまりにもストレートに当事者に当たった場合はどうか。一歩誤ると、その説得を受けた当事者から、二人の委員から寄ってたかって説教されたという非難を受けることになる。そこがむつかしいところで、最終結論や評議の内容はくつがえしたり漏らしたりはできないが、一方がニュアンスの異なる発言をするくらいのテクニックが必要であろう。

次に、遺産分割調停では、弁護士である家事調停委員と一般の家事調停委員とが家事審判官と調停委員会を構成することが多いが、この場合の家事調停委員間のパートナーシップのあり方についても若干の問題がある。それは、主に互いの遠慮からくる相互理解の不足から生じるものと思われる。弁護士委員は、一般委員の発言を遠慮することなく促せばよいであろうし、一般委員も自らの発言をためらうべきでなく、知識の不足する部分は率直に弁護士委員に質す姿勢が望まれる。

(3)　交互面接と合同面接を遺産分割調停ではどのように考えるか

この二方式の利害得失は、夫婦関係の調停事件など一般の調停事件についてはすでにいろいろと論じられてきている。私は、そのような一般調停事件の合同面接には基本的には反対であるが、遺産分割調停事件では、当初は交互面接方式を用い、調停回数が進み、合意部分が幾つか出てきた段階で、合同面接方式に切り替えた方が一般によい結果が得られると思っている。理由は、夫婦関係などの調停事件と違って、調停回数が進むにつれて当事者間の感情的対立が影を潜めることが多いからである。そのほか、計算関係が多いので相互理解が早まり誤解が防げること、当事者の数やグループの数が多いときは、時間の節約ができること。弁護士代理人が双方についている場合は話が特に早く進むことが多い。なども理由として挙げられる。

(4)　当事者本人及び代理人以外の者の調停委員会への出席の利害得失と利害関係人とはどういう者をいうのか

本人が身体障害者の場合の介護者や、本人が外国人でその事実上の通訳者の入室は当然のことであるから、ここの問題ではない。ここで問題にして考えるのは、いわゆる応援団、例えば、相続人の配偶者やその子ら、あるいは成人の代襲相続人の父や母など、法律上の利害関係人でない自称利害関係人である。

まず、相続人自身出頭しているか、出頭が十分可能であるのに、その配偶者やその子たちが、調停室に相続人と一緒に現れることがある。これまでの例からすると、その配偶者たちが一応の法律知識を持っていて、その相続問題に介入したがために紛争が激化し、調停の申立てに至ったということが多い。

このようなものを出席者の確認の際に発見したときは、「必要があったら呼びますから」といった ん退席させるのが原則である。家事調停委員の中には安易にかような配偶者の入室、発言を許す者もいるようであるが、それには調停委員会の評議を経る必要がある。単なる傍聴でもそうである。家事調停事件は非公開であることを忘れてはならない。しかし、かような配偶者たちの中には、本人よりも事実関係に詳しく、相手らとの交渉の担当者であったという者も多いので評議の上、入室を許可し、実情を述べさせることが必要の場合もある。また、かような配偶者らは本人に対する影響が強く、相続人本人がいちいち伺いを立てる必要があるなどのこともあり、積極的にその力を利用して調停を進めようという考え方もあるが、対立当事者の「本人でない者がなぜ口を出すのか。引っ込んでいろ。」という猛反発が進行を大きく阻害することと、本人の十分な理解納得という調停の本質からみて、その考え方はやはり正道とは言えないと思っている。

次に、利害関係人について考える。

遺産分割調停事件の当事者は、相続人であるが、そういう当事者となる適格を有しないけれども調停の結果について直接の利害関係を有する者を実体面からみて利害関係人と言い、手続の面からは、参加人と言うのである。この直接の利害関係は、法律上のものでも、事実上のものでもよいとされるが、前に述べた相続人の配偶者はこの直接の利害関係人ではなく、間接の利害関係人であるから、利害関係人として、調停に参加することはできない。参考人にとどまる。遺産形成に尽力した内縁の妻は、調停に限れば、直接の利害関係ありとして参加させてもよいであろう。その他、参加人となる例としては債権者、相続分の譲受人、遺産の一部を相続人から買受た者などが挙げられる。

注意しなければならないのは、遺産を被相続人の財産ではなく自己の所有であると主張する第三者は、遺産分割調停事件の利害関係人ではないということである。争っている場合は、民事訴訟手続で解決されるべきであり、非訟事件手続である家事調停手続や審判手続きにその第三者が参加する余地はない。

したがって、審判手続を見据えるならば、調停段階で安易にこのような第三者に利害関係人として取り扱っていると思わせるような態度を示してはならない。

(5) 休憩時間の設定

調停に熱心のあまりというか、三時間から四時間にわたって連続した調停を行っている例を知っている。このようなとき、その家事調停委員側の疲労状態はどうなっているのかと思う。精神の集中はそんなに続くものではない。区切りのよいところで休憩することを提案する。一般に家事調停では、休憩の慣行はないが、折衝が長時間に及ぶと予想されるときは、コーヒー・ブレークということにする。そうしてリフレッシュして当事者に対応することが誠実というものであろう。

もう一つ、別の意味で休憩時間をとることがある。これはコーヒー・ブレイクではない。当事者が興奮し、冷静な判断ができない状態に入ったときに行う。そのときは、決して「頭を冷やしましょう。」などと悔蔑ともとられかねないようなことを言って、益々収拾できない状態を作ってはならない。評議を口実にしたらよいであろう。

(6) 記録の手控えの意義とその記載内容

記録の手控えの意義、記載事項などの詳細は、雨宮則夫判事の貴重な論稿が「霞門だより」二五号に発表されているが、同誌は、東京家庭裁判所関係者限りの配布と思われるので、簡単に紹介すると、

記録の手控えは**正式記録**でないから、当事者の記録の閲覧謄写の許可対象とならない。したがって自由な記載をしてよく、効果としては、家事審判官に対する報告書の意味を持ち、裁判所書記官の事件経過表作成の基礎資料となり、事件担当者の交替に当たっては新担当者に有意義なものである。

記載内容は、項目にしたがって簡潔に記入するが、項目を埋めることを目的の質問で、当事者を傷つけてはならない。身分関係図は詳細な方がよい。調停不成立、取下げなどの調停終了時の手控えも再調停の申立てに備えて記載するが、すべて記載者を明記する。なお、記載は二人の家事調停委員が交互に記載する。

という趣旨である。一言すると、男性家事調停委員のなかにはいまだにその記載を毎回一人で独占している者があると聞くが、自己過信というよりも時代錯誤も甚しいというべきである。

さて、私は記載の量は、遺産分割調停事件であっても、家事審判官に口頭で一、二分間報告する程度の量でよいと思っている。記載する内容で漏らしてならないのは、法的意味のある事実(遺産の範囲に関する事実、寄与分に関する事実など)の現在の争点、手続きに関する事実(調査官による調査結果の開示、専門委員による意見の開陳、当事者の事件進行についての意見など)である。

また、手控えだけでは家事審判官に対する報告が不十分なときは、期日終了後、速やかに口頭で報告することは極めて重要でこれによって後の調停進行予定の軌道を修正することもあり得るわけで、その機会を失うことがあってはならない。家事審判官に直接口頭報告できないときは、調停手続の進行管理について家事審判官を補佐している裁判所書記官を通じて報告するべきである(書記官の進行管理事務については、後記〔遺産分割に関する参考文献〕**2**一四四頁を参照されたい)。

なお、関連事件として寄与分の申立調停事件などのいわゆる曳き船事件がある場合は、私は曳かれた事件については、原則として内容は記載しないで、その最初の期日の手控えに遺産分割調停の事件番号を表示し、「以下の期日はすべて分割事件手控えのとおりである」旨記載するにとどめている。

(7) 前件の利用と記録の取寄せ

本件以前に同一当事者間で関連する調停事件が取り扱われたことが判明したときは、それが同一庁であれば、**調停事件記録の保存期間**が事件終了後五年であるから簡単に取り寄せて参考にすることができる。また訴訟事件など他庁の事件については、通常は和解調書正本や判決正本の写しで結果を知ることで足りよう。しかし、その経過を知る必要のあるときは、評議の上、保存期間を確かめて記録を保存庁から取り寄せるとよい。

☆ハーフ・タイム☆

〔古典文学に見る遺産紛争〕

遺産から生ずる問題は、社会生活上、私有財産が明確になってきた頃から生じていたものと考えられる。

これをわが国の古典文学に見てみると、例えば「源氏物語」では、

1　澪標に「二条院の東なる宮、院の御そうぶんなりしを、二無く改め造らせ給ふ」（二条院の東隣にある御殿は、故院がお形見分けとして下し賜ったものでしたのを類なく結構に御改築になります。）

2　若菜上に「親しき限りさぶらひける程につけて、皆そうぶんし給ひて」（親しい者共ばかりお側に仕へてをりましたので、その人々の分に応じてそれぞれ分けておやりになりまして）

3　柏木に「御そうぶんにおもしろき宮給へるをつくろひて」（分けて戴いた広い結構な御殿があるのに手入れをして）

4　竹河に「うせ給ひなむ後の事ども書き置き給へる御そうぶんの文どもにも」（お亡くなりに

なってからの御遺産のことなどを御遺言なされたおん文どもにも）などに見られる「そうぶん」は、今日の遺贈、又は、遺言による分割方法の指定の意であると解されるのである。

なお、右の（ ）内は、谷崎源氏による釈文である。

また、一一五〇年頃に崇徳上皇の下命で成立した勅撰集「詞花和歌集」巻第一〇雑下（國歌大観番号四〇五）にも遺産紛争の面白い言葉書きが歌とともに採られていて、ここにも「そうぶん」が出てくる。

読人しらず

おやの所分（そうぶん）をゆゑなく人におしとられけるを此の事ことわり（注・「ことわり」は、ことの是非を道理を立てて判断するの意）給へといなりにこもりて祈り申しける法師の夢に社の中よりいひ出し給ひける歌

長きよのくるしき事を思へかし何嘆くらむかりの宿りを

遺産紛争といえば、一茶とその異母弟仙六間の十年余にわたる亡父弥五衛の遺産分割事件がある。ここでなされた仙六の寄与分の主張は、十分な理由があると思われるが、この争いを通じて一茶のみせた復しゅう心にからんだ物欲のしつこさに悲しみを感じるのは私だけではあるまい。

そのほか、徒然草第一四〇段に、遺産についての意見が出てくる。吉田兼好は、そこで、「身死して財残る事は、智者のせざる所なり（中略）こちたく多かるましてロをしわれこそ得めなどいふものどもありてあとに争ひたる様あし」（遺産を残すことは、賢いものはやらない。遺産が沢山あったなんていうのは、言うに足りないことだ。「おれがもらう分だ」「いや私だ」などと言うのが出て死後に争うのは、みっともないことではないか）と述べるのである。兼好もやはりどこかで遺産紛争を耳にしていたのであろう。

西郷南洲もまた、七言絶句に「失題」として、

幾歴辛酸志始堅　　幾たびか辛酸を歴て志始めて堅し
丈夫玉砕愧甎全　　丈夫玉砕甎全を愧づ
一家遺事人知否　　一家の遺事人知るや否や
不為児孫買美田　　児孫の為に美田を買はず

と、その気概を詠んだ（「西郷南洲遺訓」山田済斎編　岩波文庫）が、ここには兼好と通ずる清貧の思想が流れているのではないだろうか。

だがしかし、古典文学は現代と同様の凄まじい遺産紛争をわれわれに見せてくれるのである。中世文学の中から阿仏の「十六夜日記」、江戸文学の中から井原西鶴の「本朝櫻陰比事」を取りあ

げてみよう。

十六夜日記（阿仏）

「十六夜日記」は、藤原定家の子為家の側室阿仏が為家との間の子為相のために、為家とその本妻宇都宮頼綱（後の蓮生、幕府の高官であり、為家の高弟でもあった）の女との間の嫡男為氏との訴訟に鎌倉に下った（弘安二年）折の紀行と翌年秋までの間の鎌倉滞在の記である（阿仏は、訴訟の結果を見ることなくその後弘安六年に鎌倉で客死するまで鎌倉に滞在したと言われている）。

阿仏は、為相を生んだ二年後にさらに為家の子為守を生んでいる。彼女は若い頃、不倫の恋に破れて尼寺にかけこんだりしていてかなり激しい気性であったらしく、為家と起居を共にしてからもその許から、為相のために定家相伝の文書を勝手に持出したりしている。

ここまでであったら、為家の遺産争いは起こらなかっただろうが、阿仏は、為家の寵を頼んでとり入り、はじめ為家が為氏に譲る旨の譲状を書いた所領播磨の国三木の細川の荘を為氏の不孝を理由に取り戻させて、改めて為相に譲る旨の譲状を書かせたのである。しかも、為氏には、そのことに異義ない旨をもしたためさせた。ここから、この遺産紛争ははじまる。

為家は、為相を溺愛し、為氏と不和を残したまま、為相が一三歳の折、この世を去った。

当時の被相続人から相続人への財産の承継は、すべて被相続人の意思に基づいてなされ、生前処分の譲与の他は、被相続人の死亡で効力の生じる遺言による相続分の指定が遺産相続のあり方であったと言われている（鎌倉時代の遺産相続に関する二・三の形態について　小川清太郎「ケース研究」三七号）。しかし、為氏は、為家の譲状を無視して為相に細川の荘を渡そうとはしなかった。

そこで、阿仏は鎌倉幕府への提訴を決意するのだが、阿仏がなぜ公家同志の争いを朝廷でなく、武家の幕府に持ち出そうとしたのであろうか。また、仮に武家法の適用を願うなら、幕府に直接でなく、六波羅探題でもよかったのではあるまいか。

考えると、相続の開始から阿仏が鎌倉に出発するまで、おおよそ四年を経ている。この間、阿仏が手をこまぬいていたはずがない。あの手、この手を打ったに相違なく、朝廷へも訴え出たことであろうし、六波羅探題とも掛け合ったのではあるまいか。しかし、いずれも失敗した挙句、鎌倉幕府に提訴を決心したものと思われる。

その頃、いったん、親が子に譲与した所領を改めて取り戻すことを「悔返（くいかえ）又は悔還」と言ったが、これは、公家法では認めていなかったが武家法では認めていたのである。それで、阿仏は、朝廷への提訴をあきらめたのか、敗訴したのか、あるいは、途中で取り下げたのであろう。

武家法御成敗式目（貞永式目）（所領に関する訴訟の激増したことに反映した内容が多い）の二〇項には、

一　得譲状後、其子先父母令死去跡事
右其子雖令見存、至悔還者、有何妨哉、
況子孫死去後者、只可任父祖之意也、

譲状ヲ得ルノ後ソノ父母ニ先立チ死去シムル跡ノ事
右ソノ子現存セシムトイヘドモ悔イ還スニ至リテハ何ノ妨アランヤ
イハンヤ子孫死去ノ後ハタダ父祖ノ意ニ任スベキナリ

（日本思想大系『中世政治社会の思想　上』岩波書店による）

とあって、これを根拠に、阿仏は最後の望みをかけて鎌倉に向けて出立したと考えられる。なお、六波羅探題は、公家法と、武家法にまたがりそうな困難な問題でもあり公家に対する武家の勢力の拡張もみなければならない問題とみて本庁である鎌倉でやってくれということになったのではないかと想像されるのである。

阿仏としては、為氏に対する悔しさと、憤り、それに幼い（といっても十七歳と十五歳）子らのため、その二人を残して鎌倉に向かったのであるが、私としては、そもそも争いの原因を作ったのは阿仏自身ではないかという思いがあって、彼女には同情したくないのである。彼女は、やがて、訴訟の決着をみないまま、亡くなる。そうして一方の当事者為氏はそれより三年遅れて弘安九年

日本系譜綜覧には、このほか、為家の子として、源承、慶融、隆俊の三人を挙げている。

同腹の子は左が年長

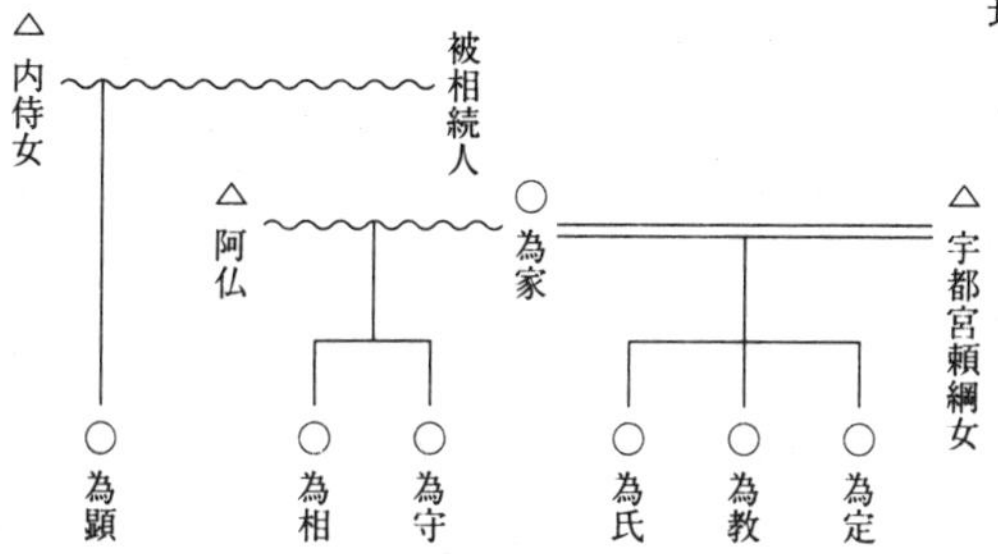

にやはり鎌倉で六十五歳の生涯を閉じ、為相もまた後年遅れて鎌倉で死亡したと言われている。何かの因縁であろうか。為相の墓とされるのが鎌倉の浄光明寺にある。為氏の死亡まで、十年を超える紛争の継続であるが、当時は、わが国は国の存亡をかけた第二次蒙古襲来（弘安四年）の危機とその後始末の真っ只中にあり、裁判当局（朝廷・幕府）もおそらくこの「悔返」の訴訟どころではなかったというのが真相であろう。第二次世界大戦下の状態からでもそれは窺い知ることができる（『続司法沿革史』最高裁判所事務総局参照）。

「十六夜日記」の遺産紛争に登場する人物は、以上に紹介した為氏、阿仏、為相、為守の四人であるが、実は、日本系譜綜覧などによると、**図**（図は、遺産分割事件調停記録相続関係図記載例にしたがった。生没年略）のように為家の子は男子だけで九人いる（女子は載せていない）。現在の遺産分割事件では、為家の子に女子もいれば、その女子も加えた子供全員が当事者になる。ここが想像をかきたてる面白いところで、為氏、為相以外の子らは、本件紛争にかかわっていたのであろうか、あるいは、幼かったり、遺言原則制度のもとで全く争いの圏外にいたのであろうか。

いずれにせよ、この紛争も一因となって、為氏が二条家、為相が冷泉家、為教が京極家のそれぞれの祖となり、俊成、定家、為家と続いてきた御子左家が分立していくのである。

櫻陰《おういん》比事（井原西鶴）

次に井原西鶴の世界ではどうであろうか。

「本朝櫻陰比事」の中から二つ現代風に要約して取り上げてみる。

「本朝櫻陰比事」は、中国宗の桂萬榮作「棠陰比事」から題名を模し、内容もまた、同様に名裁判官が民事の訴訟事件や刑事事件を解決する短篇裁判小説四四話から成っているが、その材料は、「板倉政要」などからも得ており現実味のあるものとされる（ここにかかげる二つの話は、いずれも「板倉政要」を典拠とするか）。

(1)　巻一の七「命は九分目の酒」

昔、自分が発明した十分盃という器で朝、晩大酒を飲み続けたあげく長わずらいで死んだ細工師があった。あとに残されたのは、その妻と十八歳と十五歳の子である。さて、百ヵ日の忌があけて、町内の人々が立ち合って調べたが、遺言書は見付からなかった。そこで人々は不動産（土地、建物）、現金、家財道具の遺産目録を作って、世間の習慣に従い、「兄が六割、弟は四割の割合で分けること。母には二人で孝行しなさい。」と申し渡した（「町内の人々」というのは、町役人あるいは五人組の人々のことであろうか。「本朝櫻陰比事」にはしばしば現われる）。しかし、弟は承服しない。「遺言はすべて二分の一ずつに分けるべきだ。」と言う。町内の人々は、「それでは兄と弟の区別がつかない。兄に生まれた甲斐がないではないか。」などといろいろ仲裁を試みたが聞き入れないので、裁判所の判断を求めることとなった。

裁判官は、双方（兄、弟のほか、町内の人々も出頭している。）の陳述のあと、弟に向って、「町内の人々の言うことが筋が通っているようだが、お前の主張になにか特別の理由でもあるのか。」と尋ねた。弟は、これに次のように答えた。

「私は、二男ということになっていますが、理屈の上では長男であると思います。なぜならば、兄は、母が家の下女時代、つまり、父との婚姻前に父との間に生まれた子です。私は、母が父と正式に婚姻してから生まれました。だから、私が父の跡目を継ぐのは当然のことではないでしょうか。このようなことは、お武家さま方の先例では沢山あるのではございませんか。」と（十五、六歳の少年としては、これはなかなかの論法である。相当の応援団がいたと思われる）。だが、裁判官は一枚上だ。「なるほど、それも一理ある。けれども、その不動産は、母が正式に婚姻したときすでに、亡父の財産であったのか。」と尋ねている。これに町内の人々は、異口同音に「それは夫婦が正式に婚姻する前から亡父のものでした。」と申し上げた。

そこで裁判官は、

「遺産は、不動産を除きすべて等分に分割する。家名は、長男が継ぐこと。また、長男は今後遺産である家屋で母を扶養すること。」

と言渡した。

この言渡の要旨では、不動産の取得者が明確ではないが、等分に分割すべき遺産については、原文では、「諸色（しょしき）」とあり、「諸色」とは、「大言海」、「江戸語の辞典」など種々の辞書によると、「諸物、諸品、諸道具」だけを意味して不動産を含んでいないことと、長男に、遺産である家屋に母の扶養を命じているところから、長男に取得させたものと考えられる（母には相続権はないし、他に相続人はいない）。

なお、この話では、当時は夫に先立たれた妻の扶養については遺産の取得者の一人が行うことが当然であったような書きっぷりになっている。また、弟の論旨は、武家法をもって一般庶民に適用させようとしているところが問題であろうが、紹介されている裁判要旨は、その点には直接触れていない。

(2)　巻四の五「何れも京の妾女四人」

昔、都に大金持ちの町人がいた。妻が死んだので後妻を迎え、先妻との間の十四歳の男の子を本宅で後見をつけて、仕事は手代らにまかせ、自分は、四人の妾をそれぞれの家に囲ってそこをぐるぐる泊まり歩いて大酒を飲んで遊び回った。そうして男盛りに死んだのだが、この男、遺言状を残していた。

忌があけて、みんな（当時の慣行で、遺族、親族のほか町の年寄や五人組などもいたと思われる）が立会って開いてみると、その内容は意外なものであった。

「まず、後妻との間には子供がいないから、後妻は、自分が隠居後のためにと造ってある屋敷に移らせ（その土地、建物を相続させる趣旨ではなく、単に住居を保証した趣旨か）、後妻とその召使ら一〇人くらいは暮らせるだけの金を本宅（「本宅」にだれが住むのかはあとでわかる）から送り続けること。また、銀千枚を相続させる。次に四人の妾に一人ずつ自分の娘がいるので、十二歳の娘には、銀百貫に場所のよい土地とその地上の建物、十一歳の娘には、銀八十貫と角地の土地及びその地上の建物を相続させる。十歳の娘には、銀五十貫と土地及びその地上の建物を相続させる。八歳の娘には、釜の下の灰に至るまで残りの遺産の全てを相続させる。また、先妻との間の十四歳の男の子には、銀二百貫と別の土地及びその地上の建物を相続させる。」とあった（「釜の下の灰まで相続させる」という趣旨は、「家督」すなわち、当時の町民階級の「家名」と「家産」のことを言うので、本文の意味するところは、被相続人の本宅の土地、建物及びそこで営んでいた事業をすべて承継させるということなのである）。

八歳の娘の親族は、当然、この遺言どおりの執行を迫ったが、一族や手代たちは承知せず、「総領の男の子がいるのに、道にはずれた遺言だ。」と訴訟に持ち込んだ。

訴訟で裁判官は、関係人や町の人々（やはり五人組などか）を呼び出し、「この遺言は、被相続人が心神のはっきりしない状態のときに成されたもので無効であるから、町内の者、親族、手代はもとよりそのほか、都の内より良識のある者も入れてみんなで二〇日以内に公平な分割案を作成してくるように。」という指示をした。

この結果、出来上がって提出された案は、

(一) 男の子には、十二歳、十一歳、十歳の娘に与える次項の分を除いてすべての不動産を取得させ、事業を継がせる。

(二) 十二歳、十一歳、十歳の三人の娘には、遺言通りの遺産を取得させる。

(三) 八歳の娘には、男の子が被相続人から生前贈与されていた財宝を全部引き渡して与える。

それは、この娘の分としては多すぎるかもしれないが、この娘をふびんに思っている遺言の趣旨からこの案を作った（これから判断すると、男の子にはかなりの生前贈与があったようである）ものである。

（四）後妻は、本宅で生活させ、男の子には後見をつけることとする。

というものであった。

さて、この話にもいくつか注意すべきことが含まれている。

まず、現代の調停委員ともおぼしい者が出てくる。本文では、「良識のある者」と表現しておいたが、原文で「案者」とあるのがそうで、民間の良識を調停案の作成面で活用しているのは、このように江戸初期の段階ですでに見られるのである。

次に、裁判官は遺産分割に当たって、腹案を持ちながら審判に調停を前置させていることが注目される。その時代の条理にかなう解決を最初に試みるということは、裁判制度全体が国民の信頼を得る上でいかに大切かということを示している。

また、この話では、遺言が無効とされても、その遺言と、調停案とを比べてみると、調停案は、跡を継がせることを八歳の娘から十四歳の男の子に変更した以外は、できるだけ被相続人の意思を尊重しようとしていることがよくわかる。われわれの調停の実際の例でも形式上、無効と思われる遺言がしばしば提出されるのであるが、調停を進めるについて十分に参考にすべきことであろう。

第二部　遺産分割調停事件にあらわれる個々の問題の取扱いと周辺の事件の取扱い

第一章　個々の紛争形態とこれにどう対応するか

(1)　分割の基準で実務上、ほぼ固まっているものにどのようなものがあるか

分割の基準については、民法に定めがあるが、その基準に従った実務の具体的な取扱いが幾つかある。その基本的なものを二、三挙げておこう。まず、共有取得の合意は、公共団体による買収予定地などやむを得ないものでない限り避けさせる。争っている当事者間での仕方なしの共有の合意は、将来に紛争を持ち越すだけである。その管理、利用などで再び紛争が生じ、今度は、共有物分割の訴が開始されることが十分に予測される。共有取得できるのは、対立感情がなく、同一の利害をもって遺産分割調停を協力して争った相続人間だけと考えてよい。

次に代償金の決定基準とその支払いについて、まず代償金額をきめるに当たり、不動産の取得希望者が近々その不動産の売却予定がないにもかかわらず売却した場合の譲渡所得税や不動産業者に支払う手数料まで予測してその合計金額を評価額から減額することを主張し、代償金を減じようとする者がある。相手が同意するならともかく、普通は反対する。代償金は、本来、調停成立時にそのもののもつ価値が基準となるのだから取得希望者のそのような主張をまともに取り上げて相手の説得を図ることはしてはならない。取得希望者の翻意を促さなければならない。次にその支払いについて、「無い袖は振れない」という理屈は、最終的には認められない。それならその不動産を取得しなければよいだけの話である。調停で調整は試みるが、初めから無理な話で、自分が住んでいるからとて只同然の額を提示して、「これ以上出さない。」というのでは、不成立もやむを得ない。また、数年間に及ぶ長期の分割払いの主張も、嫌がる相手に強く譲歩を求めることは原則としてやめた方がよい。理由は右の例と同じである。分割払いは、成立後一年くらいを限度とすべきであると思う。

三つ目として、遺産家屋に被相続人の生前から居住している相続人が適正な代償金を支払うからその遺産家屋を取得したいと希望するのであれば、その者に取得させるよう調整をすることは当然である。他の相続人が感情から、「親を粗末にしたのだから住ませない。売却して金で分けたい。」ということがあるが、実務のとっている方法と理由を説明して進行を図っていく。

また、近年は、海外に永年にわたって生活し、今後もその生活を続ける予定の相続人が当事者となる例が増加してきている。これらの当事者の中で、遺産のうち不動産については取得しても将来全く利用することは考えられないし、売却するにも、いろいろな面で国内の他の相続人よりも困難やリスクが大きいことを理由に、現金、預貯金を他の相続人に優先して取得したいと申出る者が多い。この場合、その希望を容れて調整を図ることは公平に合致するかという問題がある。

もちろん、残された預貯金、現金の総遺産に占める割合をはじめ、種々の事情を検討して結論を出すべきであろうが、さきに述べた遺産家屋の居住相続人の希望に近い性質があると思われるので、私は、ある程度の調整を試みるべき場合もあろうかと考えている。

(2)　内縁の妻の取扱い

――内縁の妻は遺産分割調停事件の当事者になれるか――

重婚でない内縁の妻が永年内縁の夫を支えて事業をともにやってきたような場合、遺産分割調停に参加したいと申し出てきたときどうするか。相続人ではないから、遺産分割調停の中に入れることはできない。もちろん、申立人として遺産分割調停の申立てをしても「事件が性質上調停をするのに適当でない」として、**調停をしない措置**（略して「なさず」という）がとられることになるであろう。なお、また最高裁判所の判例は、内縁の夫が死亡したときに、**死亡による内縁の解消**として相続の開始した遺産につき財産分与の法理による遺産清算の道を開くことは、相続による財産承継の構造の中に異質の契機を持ち込むもので法の予定しないところであるとして、生存内縁配偶者が死亡内縁配偶者の相続人に対して、清算的要素及び扶養的財産分与請求権を含む財産分与請求権を有するものではないとしている。だから、内縁の妻がどうしても遺産がほしいというのであれば、もし、当事者の中にその子がいれば、その取得分をふくらませることで調整を図る解決方法もあろう。そうでないときは、内縁の夫と二人で財産を形成したのだから、その遺産は実質的に共有状態にあるとして、相続人全員を被告として民事訴訟を提起し勝つ以外に方法はない。

(3)　不在者財産管理人が遺産分割調停事件で合意するにはどのような手続をふまねばならないか

相続人に行方不明者がいる場合、失踪宣告の要件を満たしていないときは、不在者財産管理人の選

不在者の財産管理人と相続財産管理人

家出人など住所を去って帰る見込みの薄い者がいるときに家庭裁判所によって選任され、例えば遺産分割協議などの処分行為も家庭裁判所の許可を得て出来るほか、財産の一般の管理行為ができる不在者の法定代理人が不在者の管理人である。

相続人がいないとき相続財産は、「相続財産法人」の形をとる。その活動のため、家庭裁判所がいわばその法人の法定代理人として選任するのが相続財産管理人である。

任を求めて遺産分割調停を行うが、失踪宣告の要件を満たしていても家族感情などから、この制度を利用する例がある。不在者財産管理人の地位は、相続人の法定代理人であるとされるが、その権限は一定の範囲にとどまり、遺産分割調停において彼がその権限内で勝手に調停案を受諾して当事者間の合意をすることはできない。権限を超えてする行為は、管理人を選任した家庭裁判所の許可を要する。調停案が固まったなら不在者財産管理人はその案を添付して、許可を申立て、許可の審判書謄本を持って調停の成立に臨むこととなる。調停条項は、その許可をはずれることができないから、調停裁判所と許可裁判所が異なる場合は、事前の十分な連絡調整が必要になる。

(4)　遺言執行者は誰の代理人か、その結果生ずる問題と遺産分割調停事件

遺言内容と異なる遺産分割調停が成立するときは、**遺言執行者**を利害関係人として参加させてその同意を得る必要があるかという問題がある。私は、実務としては、遺言執行者の存在が判明した後の調停期日から速やかにその参加を求めるのが、法律上も問題が生じないし、調停運営上も妥当であると考える（なお、第二部第一章(7)一〇八頁参照）。

しかし、当事者全員が遺言執行者を参加させる必要がないと合意した場合は、解任の関係で問題が残るが、その合意を何等かの方法で記録にとどめて成立させてよいであろう。

次に、弁護士の遺言執行者が、当事者の一人である受遺者の代理人となることができるかという問

題がある。遺言執行者は、遺言の対象者全員の遺言執行のための代理人であるから、その執行の未了の場合は、遺産分割を要する部分についてであっても双方代理の問題を生じるから許されないという考え方と、通常、遺言の執行は、不動産の登記や物の引渡しなどの履行行為で他の相続人に新たな不利益をもたらす行為はないから許されるとする見解がある。

以上、遺言執行者と遺産分割調停のからみは法律上の議論が熟していない点が多いので家事審判官と十分な評議が必要である。

(5)　相続分の譲渡の性質と方法

相続分の譲渡は、相続人が自らの相続分（特別受益も寄与分を含む相続開始時の取得分＝いわゆる具体的相続分）を第三者や他の相続人に譲渡し、第三者や他の相続人がこれを譲り受ける契約である。有償の場合もあれば、無償の場合もある。譲受人の方は、譲渡した相続人と同じ地位を取得するが、契約は二者限りのものであるから、第三者である債権者の関係では、譲受人は免責されない。民法上は、この二者は、**不真正連帯債務者**となるとされる。

契約の方法として、通常は、書面でされ、譲渡人の方は、印鑑登録をした実印を押している。

調停の実務では、申立時にすでに相続分全部の譲渡が終わっているときに、申立書に譲渡した当事者を表示しないで、譲渡証書の写しを添付してくる例がある。このときは、申立人に、譲渡人をあらためて相手方として追加を求め、同時に譲渡人からその調停手続からの脱退届けを提出してもらうことになる。調停が成立した場合、成立調書の当事者の表示に、脱退当事者及びその相続分の譲受人をともに記載しなければならないからである。二者の表示がないと登記手続の際に問題が生じることになる（この点、ハーフ・タイム〔遺産分割に関する参考文献〕**2**論文等（**五**）(5)に詳細である。一四七頁）。調停中の譲渡については、その時点で**譲渡証書**と**脱退届の提出**がなされる。

さて、遺産分割調停においては、当事者が多数に及び、かつ、遠隔地に散らばっていることも多い。このような場合、申立人側に弁護士代理人がいるときは、是非ともこの相続分譲渡の方法を活用できるかどうか検討してもらうのがよい。当事者の数、グループが少数化してくると、調停はみるみる進行の度合いを早める。

(6)　相続分の放棄と相続放棄の違い及び相続分の放棄の必要性があるか

相続分の放棄というのは、民法にいう相続放棄とは違って、相続人である地位を遡及して失うわけではなく、債務の免責はないし、共有者の持分の放棄で、放棄でその持分が残る相続人（ただし同一系列だけの相続人）にその相続分に応じて分割されることになる。だから、調停で、その持分を特定の相続人にやりたいと考えるときは、その分をその相続人に取得させて、自らは「遺産を取得しない」ことを調停条項で明らかにすればよい。相続分の放棄は、「紛争に巻き込まれるのは嫌だ、だれからも恨まれたくない。」というような相続人に利益があると思われるが、そのときに単に「遺産を取得しない」と、成立時に言ってしまえばそれで済むことであるから、わざわざ相続分の放棄の概念を持ち込むことはないという考え方がある。その根底には、相続分の放棄は単独行為ではないとする考えがあると思われる。

(7)　未検認の遺言書の提示、特別代理人の必要、遺留分放棄申述の必要がある場合の措置はどうしたらよいか

遺産分割調停事件で、前提問題の中でももっとも早い段階で確認すべき事項の一つとして遺言書の存在の有無があるが、この確認によって未検認の自筆遺言書の存在が明らかになることが意外に多い。この場合は、存在が明らかになった文書の形式、内容が、遺言書と言えるかどうか疑わしい場合であっても、**遺言書らしいもの**であれば、判断にわたるようなことは一切口にすべきでなく、直ちに評議の上、当日中に**遺言書検認の申立て**を行わせるのが妥当である（申立てに要する添付資料は、遺産分割調停事件に添付のものを引用し、係属の部、係を明らかにして行う）。そうして、検認期日を、次回調停期日の直前の時刻に指定してもらえば、当事者に負担を強いることが少なくてすむ。

未成年者に特別代理人の選任を要する場合にも似たようなことが起きるが、この場合、管轄の違うときもあり（特別代理人選任の管轄裁判所は子の住所地の管轄家庭裁判所）、申立てに要する特別代理人候

補者の選定や、その戸籍謄本などの用意もできていないので、当日中に申立ての手続をとることができないから、早めの用意が必要である。

遺産分割調停の成立の条件として、被相続人の配偶者の将来の相続開始に備えて、配偶者の推定相続人の一部が**遺留分放棄の申述に合意するケース**がある。このときは、遺留分放棄の申述を調停条項とはしないで、前述の遺言書の検認と同じ手順を踏み、調停の成立と同時に申述を受理する審判を得る方法による（遺留分放棄の申述の許可は審判事項で、調停ではできない）。

(8)　相続債権と相続債務についてどう扱うか

イ　預貯金などの相続債権

一般の預貯金について、判例は**可分債権**としているから、相続開始と同時に当然に法定相続分どおりに分けられているものとして審判では全当事者が遺産分割の対象とすることに合意しない限りその対象としていないが、**調停では分割可能**として常に実務上調整が図られている。

ところで、預貯金債権の相続人の払戻し請求に対する銀行などの対応はどうであろうか。銀行などは形式上預金を不可分債権として遺産分割の対象と考えているのであろうか、預金名義人の死亡が判明したとき以降は一部の相続人からの通常の請求には一切払戻しに応じていないのが実情である。判例理論から預貯金債権は共同相続人間でそれぞれの法定相続分に応じて帰属しているのだから、自分の分は払戻してくれと言っても**銀行実務**ではだめで、相続人全員揃った支払の請求が必要とされるのである。さらにその場合でも相続関係を明らかにする戸籍謄本をはじめ、**実印、印鑑証明や払戻し以後に紛争が生じても銀行に迷惑をかけない旨の念書**まで提出を求められることになる。ただし、**葬儀費用**については、通常必要とされる程度の金額で、しかも払戻しを請求する相続人の法定相続分以内であれば払戻しに応じる金融機関もある。金融機関が葬儀費用など緊急の場合以外の法定相続分の払戻しにも応じない実質上の理由は、後に遺言書が出たとか、遺産分割協議が終了していたのが明らかになったとかの当事者間のトラブルが波及してそのトラブルに巻きこまれたりそのせいでリスクを負うことを避けるためだからである。だから相続人がどうしても法定相続分どおりの一般の預貯金の払戻しを求めたいのであれば、銀行等を被告として訴訟を提起し判例を援用して勝つよりほかはないのである。

なお、被相続人名義の**貸金庫**の開扉の手続の上でもこれとやや似た問題がある。貸金庫のいわゆる**開扉請求権**は、不可分債権であろうから、相続人の一人でも開けてくれというならば、応ずるべきであろうが、銀行の実務はそうでない。預金の場合はまだしも金額は銀行側に明確になっているが、貸金庫の中身は銀行は全く知りようもないのである。開扉した者に中身を持出されようが、すり変えられようがどうしょうもなく、文句の言いようがないのであるから、そのリスクあるいは当事者間のトラブルに巻き込まれた場合の困惑は預金どころの騒ぎでない。「私らは中身を知らない」では通らない。何故開扉させたかが問題とされるのである。だから銀行としては、当然相続人全員の立会い、もしくは開扉に同意する委任状か念書の提出を求めることになる。調停の実務では、期日に銀行の要求する当事者の合意を得て（通常は銀行の用意した書面に署名して実印を押し、印鑑登録証明書を交付する）期日間に開扉し、次回期日にその結果を報告するが、貸金庫の中から自筆の遺言書が出てくることも稀ではなく、その遺産分割調停事件は、遺言書の検認を経て取下げられ、遺留分減殺請求調停事件に変ることもあるのである。

ロ　相続債務

銀行からの借入金などの債務については、判例の多くは、遺産分割の対象となる相続財産にはならないとする。可分債務と考えれば預貯金などの可分の相続債権と同じように相続開始時に当事者らの各相続分に応じて当然に分割承継され、不可分債務と考えて当事者間で分割したとしてもいずれも銀行などの債権者が債務引受けとして承諾しない限り債権者に対抗できない。そういうことから、調停手続において、債務を一人が引受けて他の相続人に迷惑をかけないとか、あるいは、何人かで分割することに合意が成立した場合は、弁護士代理人のいないときは、その合意が債権者に対抗できないことをよく理解させる必要がある。また、審判では、相続債務について、かりに全当事者が審判の対象とすることに合意したとしても遺産分割の対象としないのが実務の取扱いで、相続債権である預貯金などの取扱いと違うことに注意しなければならない。

そうは言うものの反面、銀行など金融機関側でも相続人のうち返済可能な者がいるなら、債務者をその一人にしぼることは手間も省けて都合がよいわけで、当事者らとの交渉で次のような内容の債務引受弁済契約証書を取り交して契約を結ぶ場合がある。この場合はもちろん債務を承継した一人を除いて他の者は後に何の問題も生じない。

(債務引受弁済契約の内容例)

一　平成○年○月○日付け銀行取引約定書に基づき亡○○○○が貴銀行に対して負担する左記金銭消費貸借契約による借入金債務、金○○○万円は、遺産分割協議により平成○年○月○日相続人○○○○が相続した。

記

借入金債務表示

平成○年○月○日付け金銭消費貸借契約に基づく債務元本金○○○万円也

二　相続人○○○○は、他の相続人が相続により貴銀行に対し負担する債務の金額を免責的に引受ける。
右の債務引受けによって他の相続人は全員債務関係から脱退する。
三　債務引受人の債務弁済方法は次のとおりとする。
(1)　…………
(2)　…………
（以下略）

次に遺産不動産について、被相続人が老齢のため、名目上だけ代表取締役にとどまっていて、実体は長男がとりしきって会社のために抵当権が設立されている。その債務の負担について他の相続人にも債務を負わせることは遺産分割調停においては不公平感を拭い切れない。長男が抵当権設定手続についてみずからの関与をあえて否定しないのであれば、その不動産を長男に割り当て単独取得させる（評価については、残債務は考慮しない）こととするのが適切な分割方法と言えるであろう。

(9)　遺産の範囲と相続税の物納の相互関係をどう考えるか、その対応はどうか

相続財産の大半が不動産であるため、相続税の納付期限までに売却もうまくゆかず金銭で税金を納付できないので、幾つかの不動産を物納したいとして一応当事者全員が税務署に物納申請をしている。ただ、当事者のなかには物納物件について他の物件に替えた方がよいなどという不満を抱えている者

がいる。税務署長の許可はまだおりていない。遺産分割調停がこの物納問題がからんで進行が遅れている。一部の当事者の物納物件の変更希望があることなどで税務署側ではシビレを切らしている様子が調停委員会で説明を行った担当税理士から知ることができた。多数の当事者は、物納物件の変更を認めず調停委員会に物件変更を求める要望の撤回の説得を期待している。このようなケースは遺産分割調停ではかなりの数にのぼると思われる。

この物納の件をいい加減な状態のまま調停を進行することは大きなリスクを抱えることになる。物納は、金銭消費貸借の代物弁済のようなもので、その物納を許すかどうかはすべて債権者の国の代理人のような税務署長の判断にかかっており、その許可により確実に物件が国(財務省)に所有権移転登記が完了したときはじめてその物件が遺産から逸出して遺産の範囲が確定するのである。したがって遺産にとどまるかどうか分からない物件の帰属を調停で調整を図るわけにはゆかないことになる。それと同時に、不成立となり審判に移行しても、審判をすることはできないであろう。

また、物納物件は、係争中のものについては物納は許可されないから、税務署側で遺産分割調停が係属中であることを知っているならばまず物納は許可しないであろう。物納物件を調停あるいは当事者間で調停外で一部分割して共有登記をしなければ許可はしないと思われる。物納がからんでいる事件は、その解決を最優先として取り組むところからはじめることになる。いずれにせよ、バブル経済が崩壊して地価が落下してから物納申請が増加したこともあって物納のからむ事件はとくに長期化する傾向にある。ゆるすならば、その物納に携わっている税理士の意見を聞きながら調停を進めることも必要であろう。

(10) 生前退職金と死亡退職金は遺産になるのか、ならないのか

被相続人が退職後間もなく死亡したため、その生前退職金が手付かずに配偶者(後妻)が保管していたり、被相続人の在職中の死亡で死亡退職金が支給されたときやはり配偶者が受領し保管している。先妻の子らはいずれの場合もそれは遺産だから分割の対象となると主張している。

この生前退職金が残っている場合は、原則として遺産と考えてよいのではないかと考えられるが、その退職金の中に配偶者(とくに専業主婦)の固有の財産部分を認めようとする考えが家事調停委員の中で有力である。配偶者である妻の夫に対する支えをそこに認めようとするもので、寄与分の考えを一層進めたものである。

死亡退職金は、生前退職金とは違って遺産ではないというのが判例の立場でもあり、多数の考え方である。それは、公務員、会社員とも多くは法規、会社の規則によって支給される者が定まっている(「同居している遺族」などというものが多い)からである。特定の相続人を受取人に指定した生命保険金が、指定された相続人の固有財産に属し、相続財産にならないのと同じことで、相続人としてではなく、自己固有の権利として取得するものである。そういう規定がない小規模会社の場合でも、遺族の

生活保障を考えるならば、遺産ではないとして調停を進めることとなろう。会社の規則で、同居の親族に支給する旨の明文があるのに強引に遺産であると主張した弁護士代理人がいたが説得を重ねるうちに判例に気がついたらしく態度を急変し、要求額を大幅に減じたので調停委員会側も相手方は本来それにも応じる必要はないのだが解決を望むので成立したケースがある。

⑾　被相続人のした相続人の配偶者に対する贈与はその相続人の特別受益と言えるか

被相続人が長女夫婦の宅地付き一戸建の住宅の購入に際し、多額の資金を与えたがその不動産はすべて長女の夫名義になっていて、現在も夫婦はそこに住んでいる。これは長女に対する特別受益ではないかと他の相続人らは主張している。この問題は、形式的一般論としては長女は単に間接的に利益を得ているに過ぎないから特別受益でないと言える。しかし、長女の夫名義にした理由がからみ、名義だけを夫にしただけで被相続人が長女の生活の安定のために資金を与えたのであれば特別受益に当たる。調査官による調査は当然経るとしても、長女が特別受益ではないと争う理由が合理的なものでない限りは、特別受益として双方の調整を図る以外ない。もしも長女が合理的理由もなく被相続人が夫に贈与したものであると争うならば不成立もやむを得ないだろう。

⑿　専業主婦である配偶者の多額の預貯金は特別受益と言えるか

先妻の子らが専業主婦である後妻名義の預金があるが、非常に多額である。被相続人の贈与以外考えられない。後妻にそれだけの収入はなかったはずであると主張し、後妻は、夫である被相続人が後妻の老後の生活の安定を願って贈与したものと、後妻の父の死後その相続分として受け取ったものとがその預貯金に含まれていると述べている事案にどう対応するか。

かりに、それが特別受益と考えられても、審判では被相続人の意思が考慮されて持戻し義務免除が認められる可能性もあるのだから、当事者らに対して双方ともall or nothingのリスクを負うのであるから調停でまとめた方がよいと説得すべきである。説得の資料としては、調査官による調査結果を待つべきであろう。

⒀　特別受益である不動産がバブル期に高額で売却されている場合の持戻し評価はどうあるべきか

特別受益となる不動産の評価額の評価額について、調停では通常、その分割事件のすべての不動産について分割時の価額にそろえてやっているが、被相続人から生計のため生前贈与されていた不動産をバブル期に換金している場合、どう評価するかということであるがやはり見解の分かれるところであろう。私は公平の観点から調停では換金されたものは、生前贈与の時期がひどく古いものでない限り贈与時の価格で考えるのが妥当ではないかと思う。

⒁　遺産分割と高齢配偶者
——扶養の問題と代償金支払能力のないとき——

この問題の第一は、「相続人のうちの一人について被相続人の高齢の配偶者を扶養する条件を付して遺産の大半を取得させる調停を成立させてよいか」という形で現れる。答はノーである。明日のことは誰にも分からない。後に遺産の大半を取得した相続人が、扶養の義務を履行しなくなったとしても、その調停を取消すことはできないし、死亡ということもあり得る。離婚時の未成年者に対する養育費の一時払いと同様に将来の不確定要素があり過ぎる。仮りに高齢配偶者を含めて全当事者が同意していたとしても、扶養を条件として、一人の相続人に遺産の大半を相続させることは、調停委員会から注意を促して、法定相続分の二分の一とはしないまでも、高齢配偶者が、その扶養をするという相続人及びその配偶者に気がねをしないで老後を生きることのできる遺産の相続（少なくとも遺留分相当額である四分の一以上）を考えるべきであろう。それが家事調停で実行されなければならない家庭裁判所の後見機能であると信じている。高齢配偶者を扶養する相続人は、扶養を尽くすことで、その高齢配偶者から遺言により遺産全ての包括遺贈を受けることも可能なのである。

この問題の第二は、代償金の支払い能力がなく、以前から被相続人と住んでいた遺産の土地建物を取得できない高齢配偶者（後妻）が分割後も引き続きその建物に住みたいと希望しているとき、他の相続人（先妻の子ら）と共有取得の方法がとれないかということがある。いろいろの方法が考えられると思われるが、二つの方法を提案してみたい。共有としたうえで、ひとつは賃貸借契約をして配偶者に賃料を支払わせるやり方、もうひとつは、高齢配偶者の死亡時までの使用貸借権を設定し、かつ、五年間の共有物分割禁止の条項をつける方法である（この五年の期間は更新することができる）。

ついでにここで、従来の特別寄与の類型に一つの類型を提案してみたいと思う。

それは、場合によっては、被相続人の**子の単なる同居生活も特別の寄与あり**としてもよいという考え方である。

従来は、そのような単なる同居は、民法上の相互扶助の義務の履行の域を出ないとして特別の寄与を完全に否定して来たが、私は大いに疑問を感じている。それは、戦前あるいは二、三〇年前までは、そうであったけれども、最近の倫理観の変遷、特に儒教的価値観の衰退などから、「親孝行」の語も死語化に向っている。例えば、親が高齢で、健康状態が悪くなった場合、子どもはどうするのか。高校生に聞くと、「どんなことをしてでも親の面倒を見る。」と答えたのは、中国で六六％、米国が四六％、日本はわずか一六％であったと最近報じられた（一九九六年、（財）日本青少年研究所の調査）私どもの近くを見回しても若い者が親と同居している例は、全くの例外となってしまった。これがどうして民法上の相互扶助の一般的寄与の範囲なのか。その『一般』の範囲を超えている。財産の維持の点から言っても、同居していたからこそ、被相続人がその不動産を売却してケア付マンション等の老人施設に移らないで済んだと主張できるのである。家事調停は、時代とともに変化しなければ国民の納得が得られない。寄与分について言えば、右に述べた分野でいうと、これまでの裁判例に従っている実務の取扱いと一般の考え方との乖離が甚だしいのではあるまいか。

⒂　遺産に借地権がある場合、対地主との関係をどう調整するか

遺産が借地権である場合、地主といわゆる等価交換をし、新たな所有土地をその地上の家屋（この家屋が遺産のこともあるし、相続人の一人の所有である場合もある）の居住者である当事者が単独取得して他の当事者、に代償金を支払うケースがある。このとき、地主との交渉が先か、相続人間の協議が先かということになるが、地主の意向次第で分割方法の変更もあり得るから、早い時期にその意向を確認しておき、調停が成立したらただちに正式の契約が出来るようにしておく。地主が調停に参加してくれればよいのだが、一般にはなかなかむつかしい。この手続きは分筆手続きを行ったりすると繁雑を極めるものとなり、弁護士代理人がいないと、いたずらに回数を重ねることになり易い。とくに、土地の所有者が寺社などで古くからの借地権については、借地の位置や範囲が正確でなく、単に坪数の表示だけで、もちろん分筆もされていないものについては、強いて分筆せず、見取図面上での特定もやむを得ない場合がある。なお、被相続人と地主との間に借地権をめぐっての紛争が継続中で地代を供託中であるようなことがあるが、このときも場合によっては遺産の範囲の変更にも及ぶので、まず

［条項例］

（１〜３省略）

４　当事者全員は、協力して別紙遺産目録①の土地を平成○○年末までに○○○万円以上で売却することとし、その売却に要したすべての諸経費を控除した金円を各自の法定相続分のとおり配分することとする。

５　当事者全員は上記の売却をするため、その担当者として相手方○○○○にその業務のすべてを委任する。

６　４項の売却期限までに売却ができなかったときは当事者全員はあらためて協議を行う。

（以下省略）

地主との紛争の決着をつける必要が出てくる。

なお、等価交換はもちろん地主との契約であるが、借地権の現物分割についても実務では、地主の承諾が必要であり、相続人らが地主に無断で勝手に分割することはできないと考えられている。

⒃　調停成立後の遺産不動産売却とその代金分割の合意とその危険性の回避の方法があるか

不動産の換価分割は、本来は調停手続中に行うことを目指すべきである。それは**第一部第三章**⑺（五〇頁以下）で述べた。調停の成立後に当時者らの協力で売却することに決めたとしてもそもそも紛争を続けていた当事者らに多くの期待をすること自体が甘いし、売却に当たって当事者の一部に思惑がはずれたりして紛争が再燃することは十分あり得ることである。この売却協力について調査官による履行の勧告が行われることも多いが、強制力がないので結局、**第二部第三章**の**遺産分割後の紛争調停**（実質は遺産の一部分割調停とみるべきか）が申立てられ、家庭裁判所に舞い戻ってくることが多いのである。

したがって、**調停成立後の売却換価による分割の方法は避けるべき**で、やむを得ない場合に限って行うことにした方がよく、その場合の成立条項例を次に示すが、売却期限、売却不可能の場合の再協議条項、売却担当者に対する委任条項を必ず入れておく。

⒄　非上場株式の分割の留意点

ここで取り上げる非上場株式というのは、いわゆる個人（被相続人）が経営していた**同族会社**で、しかも株主が、被相続人の配属者やその子らに限られているような小さな株式会社だけのものである。この株式の分割には困難な点が幾つか含まれている（大野正道・企業承継法入門〔二〇〇一年、信山社、近刊〕参照）。

イ　非上場株式の評価

理屈の上では、その評価については、**純資産評価方式**、**配当還元方式**などの方法によってなされるが、それには、高度の専門知識が必要とされ、到底、一般の家事調停委員の為し得るところではない。

また、専門委員としての公認会計士である家事調停委員については、前述の不動産鑑定士である専門委員のようなシステムがないので、簡単に参加してもらうことができない。一方、当事者側でも、鑑定費用を考えるとなかなか鑑定に踏み切れないというのが現状である。そこで、相続税申告の際の税務署の評価を基準としているのが通常である。なお、**会社の社員の持株組合**があるならば、会社内部の売買事例によることもできる。

なお、株式評価の鑑定のための資料として少なくとも定款、過去五年間の決算書、株主名簿、などが必要とされ、鑑定に要する期間は、通常は二ヶ月以内のようである。

ロ　同族で経営する小規模会社の非上場株式の代償分割の困難にどう対応するか

さて、株式の評価が定まったとして、調停における分割は、その評価どおりとはゆかない。その株式について、過去に配当がされていないし、今後もされないと考えられる場合を考えてみよう。経営権を握りたい当事者は、取得株式は多ければ多いほどよいのだが、最低限経営を安泰にするだけの株式（厳密には三分の二）はどうしても取得したいわけで、他方、経営とは何ら関係を持たない当事者は、取得しても当座の実質は紙屑同然ということになる。また、経営権を持ちたいと希望する当事者とて、全部の株式を取得する必要もないということで、ここにその代償金決定のむつかしさが浮び上がってくる。**経営権を持ちたい側**は、他の相続人の足元をみて、評価額よりできるだけ下げようと主張するだろうし、他の相続人は、できるだけ評価額に近い額の代償金額を主張するであろう。しかし、いずれにせよ評価額には届かない額で決着する。当事者多数の場合など、経営権を持ちたい方が、他の相続人を一、二、各個撃破してしまい、安定株式数を裏で獲得したのち、現物分割を主張する可能性が非常に高いのである。決着する額が評価額の何パーセントになるか、種々の要素がからんで出てくるであろう。

⒅　信託遺産（不動産）分割の留意点

信託遺産については不動産が問題となる。

信託財産である不動産は、受託者、それは通常は信託銀行などの信託会社であるが、そこに所有権が移転しており、契約にしたがって信託の終了時にはじめて返還される。その間、信託をした被相続人は、受益者として、受託者である信託銀行から、信託財産の管理・運用の成果に応じた配当を受ける権利を持つのみであるから、**不動産信託期間中に被相続人が死亡したとき**は、その受益権だけが相続の対象となる（実績配当であるから可分債権とはならない）。だが、契約期間が終了して、返還される信託不動産をどう取扱うのか、現在の時点で、その返還時までのリスクなどを考えると、調停では取扱わないで先送りとして、受益権だけを取扱ったらどうかと思っている。その場合は、調停条項に、その不動産が契約が終了して返還を受けたとき、当事者（その相続人）があらためてその分割を協議する旨の一項を入れておいた方がよいだろう。

なお、**受益権の評価**をどうするかということもむつかしい。上場株式の評価のように日常の取引きがないので、おそらくは、過去の実績を基準として将来のリスク、先取りの利益などを考慮した上での当事者間の話合いということになろうが、合意のないときは、鑑定に持ち込まざるを得ないだろう。

相続税申告にあたっての税務上の評価は、財産評価基本通達によるので参照されたい。

⒆　遺産の管理費用をどうみるか

遺産から生じた収益を、遺産分割調停事件で分割の対象とすることに当事者が合意した場合、その遺産に関する管理（地代、家賃の取立て、賃貸借契約の更新、預貯金、株式配当金の保管などの保存行為にとどまり、積極的な財産の利用、変更、処分を含まない管理）に費《ついや》した経費はどの位に考えるか。調停実務ではおおむね五％ないし一〇％くらいのところで合意しているようである。

なお、固定資産税、借地料、火災保険料、最少限度の遺産建物修理費などは当然その金額が管理費用となる。また管理費用が遺産分割の対象となるかどうかについては、調停が不成立になったときそのまま審判をする（積極説）、審判対象からはずす（消極説）、当事者の合意があり、金額がはっきりしているときに限り審判の対象とする（折衷説）の三説がある。

(20) 遺産の一部分割を終わっている遺産分割調停事件の問題点と一部分割を行うとき留意すべきことは何か

相続人間だけで遺産の一部分割が行われたり、遺産分割調停の中で一部分割が成立することがある。そののち残った遺産の分割についてかなり深刻な問題が生じることがある。

ここで取り上げる一部分割の問題は、当事者らが一応遺産の範囲を確定した上で一部分割であることを認識して分割した場合を取り上げる。**分割協議**、**分割調停**の際見つかっていなかった遺産が後日発見されたときの一部分割は様相を異にするのでここには論じないこととする。

さきに為された一部分割の協議がほぼ法定相続分どおり分割されている場合は、特別受益、寄与分などの紛争を先送りにするという特段の事情があった旨の主張がないときは、残余の遺産だけについて通常の調停進行がみられるであろう。

問題は、前の一部分割において相続人らの具体的取得分について著しい不均衡がみられるときである。その際、前の分割で少ない取得しかなかった当事者は今回の分割で前の不均衡の是正を求めることがある。つまり、前の一部分割分の遺産をすべて現在も存在すると考えて、残余の遺産(今回末分割として残っているもの)に加えてそれを全遺産として計算した上で残遺産を分割しようと主張する。これについて、その主張者が前の一部分割の協議の際、不均衡な分割について特段の意思表示を明確に

（例１）

当事者全員は、以上各項で分割した遺産以外の遺産（別紙遺産目録中○○及び○○）については、引き続いて本件調停手続において解決を図ることとする。なお、上記の残余の財産の取得分は当事者それぞれの法定相続分とする。

（例２）

当事者全員は、以上各項で分割した遺産以外の残余遺産（別紙遺産目録（不動産１、２、５））についてはなお本件調停を続行して解決を図る。

前項の残余遺産の分割においては○項ないし○項により分割された遺産は残余遺産の分割時に存在するものとして残余遺産に加えて評価し分割する。

していない以上は、前回分の遺産を今回までに残した遺産に加えて分割を行ってもよいということを承知していたと推認する。そうして前の協議を有効としつつその過不足を今回の一部分割の調停で修正する方向で調停を進めるという考え方が有力である。

しかし、私はそのような推認を一様に行うのは問題があると考える。前回、一部分割でとどめた理由、突出した取得者がいるような不均衡な分割が行われた理由が問われなければならない。一部分割にとどめた理由が一部の遺産の取得者がきまらなかったり、公共団体の買収予定地域に遺産土地がかかっていて買収金額がきまらないので残していたところ、その予定地からはずれただけで不均衡な分割になったのは、当事者間では、特別受益や寄与分をすべて熟考した結果である。ただそのことを分割協議書などで明らかにしておかなかっただけであると反対当事者が主張することもあり得るであろう。双方譲らなければ当然審判ということになろうが、調停委員会としては十分評議を尽し、委員会案を双方に呈示すべき事案のひとつであろう。

一部分割はこのように後に問題を残しかねない方法であるから、調停で一部分割を行うときは十分な注意を払わねばならない。当事者に将来の一部分割との関係を十分に説明する必要がある。

次に一部分割の調停条項の例を関係部分のみ見てみる。

(21)　調停前の仮の措置の実効性と実務上どこに留意すべきか

調停と同時に、あるいは調停中に一方の当事者が地方の当事者の一人が遺産の土地上のやはり古い遺産建物があり、そこに住んでいるのだがその建物を取りこわして新しく建物を建てようとしている様子がうかがえる。その取りこわしと建築の中止を求めるために調停前の仮の措置を求めるとの書面を提出した。これにどのように対応するかということであるが、その申出は単に調停委員会に職権の発動を促すだけのものでありこれに応答することが義務づけられているものではない。また、かりに**仮の措置を命ずる審判**があっても執行力などの強制力はない。むしろ、調停の進行上、相手方の感情

東京家庭裁判所平成○年（家）第○○号遺産分割審判事件の終了に至るまで相手方○○○○は別紙物件目録記載の建物について取りこわしその他現状を変更する行為をしてはならない。

をさらにつのらせるだけである。調停での解決を強く望んでいる当事者に対して家事調停委員からこの申出をするような示唆を行ってはならない。実際にも調停前の仮の措置が執られることは例が多くない。真に迅速な保全が望まれるような事案は、調停が成立する可能性はまずないのだから不成立とし、審判に移行した上でその**審判前の保全処分の申立て**を行い、家庭裁判所の判断を求めるべきである。冒頭の事例では、

との趣旨の申立てをすることになろう。

第二章　遺産分割調停事件と遺留減殺請求調停事件をともに進めるとき留意することは何か

遺留分減殺請求調停事件は、**一般調停事件**であるから同時に**乙類調停事件**である**遺産分割事件**とともに申立てられていなければ、不成立となったときはそれで調停は終了し、審判には移行しない。遺産分割調停事件と遺留分減殺請求事件が同時に申立てられたときに大きな問題が出てくる。**第一部第一章イ**（五頁以下）で取り上げた法定相続分の計算**設例㈡**（正確には、法定相続分プラス遺留分の取得割合）のような事例がそれである。**設例㈡**では、A子とB子とが申立人となりB男を相手方として未了である甲の遺産分割と乙の遺留分減殺請求を同時に申立ててきた事案である（手続上は甲については乙類調停であり乙については一般調停の二本立てである）。そもそも遺留分減殺請求事件は、最終的には訴訟事項として取扱われる事件であり、単に家庭関係事件のひとつとして調停前置の意味合いで家庭裁判所で取り扱うこともできるというだけのことである。いきなり地方裁判所に提訴されることもあり、簡易裁判所に民事調停として申立てられても受理されている。

それはともあれ、遺留分減殺請求調停事件が遺産分割調停事件とともに申立てられたときにまず最初にすることは、当事者全員に対して、その二つの事件（対象は前者は取戻財産で後者は遺産である）をそれをひとつの手続にした調停事件内で解決することに異存はないかたしかめてから進行を開始するのが本筋である。その合意を得てはじめて遺留分減殺請求による取戻財産も遺産分割調停手続の対象と考えて手続を進めてゆくことが可能となり、申立人が物の返還を求めても相手方には価額による弁償が保障されているから、**遺産分割調停事件**と併せて成立することができるのである。しかし、減殺請求について相手方が**時効**を主張したり、遺留分は侵害していないと争うなど同一手続内での解決をする同意を得る見込みがないと認められるときは、その部分は前に述べたとおり遺産性がないのであるから取下げ勧告を行い取下げで終了するか、あるいはその部分のみを一部不成立として終了するか二者択一の選択とせざるを得ない。そして残った遺産分割の調停だけを進めてゆくことになる。

なお、**遺留分減殺請求権の行使による取戻財産**が、その処分行為の方法によって物権共有（紛争の最終解決は民事訴訟による）になるのか、**遺産共有**（紛争の最終解決は家事審判手続による）になるのか。この問題は矢尾判事の論文（ハーフ・タイム〔遺産分割に関する参考文献〕**2**論文など12の別表）に克明である。また、審判に移行したときの遺産と取戻財産という二者一括処理を考えたとき、一括処理の可能条件について矢尾判事よりも雨宮判事はやや緩やかな条件を示しておられる（☆ハーフ・タイム☆前同**1**一般書(6)一四三頁以下）。

第三章　渉外遺産分割調停事件はどう進めるか

渉外遺産分割調停事件の「渉外」の「渉」は、「わたる」、「かかわる」ということであり、「外」は、「そと」、「とおい」であるから字義のとおり、遺産分割にかかわる諸要素、つまり被相続人や相続人の国籍や住所、遺産の所在地などが我が国と外国の両方に関係があって遺産分割調停事件として申立てられたものをいう。在日韓国人が死亡して、その遺産が日本に存在し、相続人である者の国籍が韓国である事件などは当然渉外遺産分割調停事件である。そのような事件が我が国の家庭裁判所に申立てられるのは、我が国の家庭裁判所での解決が外国でやるよりも便利であり、母国法の権利の実現に容易であるという理由である。

申立てが受理されたのちの調停手続は、他の調停事件の手続と同様であるが、遺産分割の準処すべき法律は個々の問題すべてについて問題ごとに被相続人の死亡当時の本国法によることになる。したがって、中立の資格、相続の開始原因、相続能力、相続順位、相続分などすべてについて個別にその本国法が適用される。例えば、韓国籍の被相続人についてはすべて韓国の相続法が適用されることになる。各国の相続法がどうなっているか、調査が重要課題となる。東京家裁裁判所の資料室や最高裁判所の図書館にある程度の資料が揃っているが、当事者らの協力による資料収集も欠かせないことである。

また調停の話合いでは、とくにその外国の文化的背景や宗教観による違いも大きく出てくることがあるので、慎重な運営が望まれる。

第四章　遺産分割調停事件とその周辺の事件とはどこが違うか

遺産分割調停事件の周辺の家庭裁判所の取り扱う調停事件の主なものにはまず、**遺言無効確認調停事件**と**遺産分割協議無効確認調停事件**があるが、この二つについてはすでに**第一部第二章(2)ロ**(本書二八頁以下)ですでに述べた。そのほか、遺産に関する紛争、遺産分割後の紛争、親族間紛争などいろいろの事件名で調停が申立てられる。これらの事件と、遺産分割調停事件との決定的な違いは、前者は**一般調停事件**と呼ばれる事件であり、後者は**乙類調停事件**と呼ばれる種類の調停である。手続上、調停が不成立となったときは、一般調停事件は終局となりそのまま家庭裁判所の手を離れてしまう。一方、遺産分割調停事件は、乙類調停事件としての取扱いから、当然審判事件に移行して事件番号が新しくつけ変えられ、調停委員会の手は離れるが家事審判官による家事審判手続が開始することになる。ただ、ちょっと注意しなければならないのは、一般調停事件として申立てられる前記の事件の中にたまたま遺産分割事件と思われるものが混入していることがある。調停委員会の十分な評議が望まれる。

さて、これらの遺産分割の周辺の調停事件の類型を簡単にみることにするが、そのほとんどは遺産分割後の紛争に分類することができるもので、民事訴訟事項となるものが多いことに気付く。

(1)　遺産分割協議において、共有にしておいた不動産について現物分割しようとしたが紛争を生じている。

(2)　遺産分割調停で、当事者が協力して不動産を他に売却しその代金を分けることに決まっているのに協力しない者がいる。その協力を求めたい。

(3)　遺産の評価を大幅に間違ったまま、相手の言うとおり評価して遺産分割協議をしてしまった。その協議を解除したい。

(4)　長男が老齢の母（被相続人の妻）を養うという約束をしたので、自分は少しの遺産の分配で我慢したが、長男は約束を履行しないで母と別居してしまった。長男が受け取った遺産の一部を返してほしい。

(5)　遺産分割協議の結果、相手が**代償金**を支払うことになっているのに、支払おうとしないし、協議後支払能力も失ったようだ。その分割協議をやり直して他の当事者から分割の分け前を出してもらいたい。

(6)　遺産分割協議で各人預金を、預金証書ごとに分割し、それぞれがその引下しに協力し合うことになっている。申立人は相手方らに協力してやったのに、**相手方らは申立人に協力しない**。協力することをこの調停のなかで実行させてもらいたい。

(7)　被相続人には不動産の遺産はない。しかし、預貯金は相当あったはずだ。申立人は被相続人の生前その通帳を被相続人に見せてもらったことがある。相手方は、その預金を隠匿《いんとく》している。相手方は、その預金をこの調停で明らかにせよ。明らかになったあとで遺産分割を行う。

［設例（三）］

(1) 摘出でない子の相続分を摘出である子の相続分の2分の1とした場合

A男 $\frac{8}{120}$	B子 $\frac{8}{120}$	C子 $\frac{8}{120}$	D男 $\frac{4}{120}$
E男 $\frac{4}{120}$	F男 $\frac{4}{120}$	G子 $\frac{4}{120}$	H男 $\frac{5}{120}$
I子 $\frac{5}{120}$	J男 $\frac{5}{120}$	K男 $\frac{5}{120}$	L子 $\frac{20}{120}$
M子 $\frac{40}{120}$			

(2) 摘出でない子と摘出である子の相続分を同等とした場合

A男 $\frac{8}{168}$	B子 $\frac{8}{168}$	C子 $\frac{8}{168}$	D男 $\frac{8}{168}$
E男 $\frac{8}{168}$	F男 $\frac{8}{168}$	G子 $\frac{8}{168}$	H男 $\frac{7}{168}$
I子 $\frac{7}{168}$	J男 $\frac{7}{168}$	K男 $\frac{7}{168}$	L子 $\frac{28}{168}$
M子 $\frac{56}{168}$			

☆ハーフ・タイム☆〔相続分計算の解答〕

［設例（一）］

A子	$\frac{28}{420}$	B子	$\frac{28}{420}$	C男	$\frac{8}{420}$	D子	$\frac{8}{420}$
E子	$\frac{8}{420}$	F男	$\frac{8}{420}$	G子	$\frac{8}{420}$	H男	$\frac{8}{420}$
I男	$\frac{8}{420}$	J男	$\frac{56}{420}$	K男	$\frac{14}{420}$	L子	$\frac{14}{420}$
M男	$\frac{14}{420}$	N男	$\frac{14}{420}$	O男	$\frac{56}{420}$	P男	$\frac{7}{420}$
Q男	$\frac{7}{420}$	R男	$\frac{7}{420}$	S子	$\frac{7}{420}$	T子	$\frac{91}{420}$
U男	$\frac{7}{420}$	V子	$\frac{7}{420}$	W男	$\frac{7}{420}$		

［設例（二）］

A子 $\frac{5}{18}$　（うち、甲の相続分 $\frac{4}{18}$、乙の遺留分割分 $\frac{1}{18}$）

B子 $\frac{8}{18}$　（うち、甲の相続分 $\frac{4}{18}$、A子とC子の遺留分減殺分を差し引いた乙の遺贈分 $\frac{4}{18}$）

C子 $\frac{5}{18}$　（内訳は、A子と同じ）

☆ハーフ・タイム☆

〔遺産分割に関する参考文献〕

1　一般書

遺産分割事件については、現行民法が施行されてから多数の著作が刊行されていることは、周知のとおりであるが、調停委員が参考とすることのできる著書は限られてくる。法律専門家のように精緻な議論を闘わすためのものは必要ないが、その代わりに目の前の具体的事件の問題にかなう回答を手っ取り早く間に合わすことが出来ればよいのである。

そういうところから私なりに選んだが、遺産分割と密接な関係にある遺言と遺留分の分野からも一冊ずつ取り上げた。

なお、その他文献の詳細については、本書末尾参考資料(3)の七五頁「遺産分割に関する文献目録」にあたられたい。

(1) **『遺産分割事件の処理をめぐる諸問題』** 司法研修所（平成六年）

基本書である。調停委員としては、さあっとでよいから一度は通読しておくべきであろう。執筆者はいずれも現職の裁判官であり、内容は、遺産分割事件の全般に及び、現在時点におけるその実務処理についての規範を示している。

(2) **『遺産分割実務マニュアル』** 東京弁護士会法友全期会相続実務研究会編

（㈱ぎょうせい・一九九三年）

本書は、弁護士が遺産分割実務を行う上での有用な手引・指針となるよう編まれたもので、遺産分割事件処理に対する弁護士代理人の考え方のほかに調停申立前の問題、税金の問題を含む分割終了後の問題が参考となる。また文章が平易で練れており、理解しやすく版を重ねているのも肯ける。

(3) **『実務家族法3 判例先例相続法Ⅰ――遺産分割』** 松原正明著

（日本加除出版㈱・平成六年）

著者は、現職の裁判官で多数の遺産分割事件に携わっておられ、その豊富な経験を基に本書では膨大な遺産分割に関する判例先例及びこれについての学説を整理し、著者の見解を述べられた浩瀚なもので平成七年度の尾中郁夫家族法学術奨励賞を受賞した労作である。

本書は、判例、先例の索引があり、その検索には便利であるが、惜しむらくは事項索引を欠いており、事項についてはは目次を手がかりに検索するよりほかはなく残念である。

(4) **『遺言執行の法律と実務』** 第一東京弁護士会司法研究委員会編 (㈱ぎょうせい・平成元年)

本書は、近年の遺言書作成の増加をふまえ、その作成と執行の両面から実務のすう勢を細目にわたって整理し検討を加えた好著である。タイトルからすると、遺言執行に限られた著作のようであるが、文例を含む遺言書の作成から、調停の関与に言及した遺言執行者の職務に及ぶ広範な内容となっている。

(5) **『遺留分の法律と実務**――相続・遺言における遺留分減殺の機能**』** 埼玉弁護士会編 (㈱ぎょうせい・平成三年)

遺言をめぐる紛争は、本書が指摘するように、近時の遺言書作成の増加に伴って遺産分割から遺留分減殺の問題に移行しつつあるように思える。しかも、遺留分に関する紛争の複雑さは、遺産分割紛争と変わるところがない。本書は、その中にあって、遺留分の理論とその実務上の問題を取り上げて詳細に考究したものでこの分野での貴重な一冊と言うことができる。

⑹ **『現代裁判法大系』** 11 遺産分割 12 相続・遺言

梶村太市、雨宮則夫編集 ㈱新日本法規・平成一〇・一一年）

執筆者は、ほとんど執筆当時東京家庭裁判所はじめ各地の家庭裁判所の第一線で実務を執っておられた裁判官であるから、現在遺産分割調停の現場でどんな問題が生起しておりそれをどのように解決しようとしているのか知ることができる。ただ出版社の方針から分売がむつかしいらしく入手がやや困難とのことである。

2 論 文 等

次に、論文の中から単行本と同じ基準で、調停委員として参考となる実務的な論文等を大雑把ながらジャンル別に挙げてみる。

なお、論文の中にはここには挙げていないが、おりおり特異な見解のもとに発表されているものが散見されるから十分注意する必要がある。

（一）遺産分割調停一般

(1) 遺産分割調停実務の解説
——「遺産分割調停はどのように運営をすべきものか」——(1)、(2)
野本三千雄「ケース研究」一二一号・一二二号

(2) 遺産分割の方法と基準
八丹義人「ケース研究」一六八号

(3) 最近の遺産分割事件の実情について
清水　節「ケース研究」二二〇号

(4) 遺産分割をめぐる諸問題
梶村太市「昭和六一年度日本弁護士連合会研修叢書」

(5) 遺産分割調停の諸問題
家事部会「調停時報」一一三号

(6) 家事調停の進め方
沼辺愛一「新家事調停読本第二版」

(7) 遺産分割の協議・調停における段階的分割について
長利正己「ケース研究」一四八号

(8) 遺産分割事件の処理指針覚書
大門　匡「遺産分割関係執務資料（続）」

(9) 相続法に残されたもの
泉　久雄「ケース研究」二三九号

(10) 共有について
民事部会「調停時報」一二九号

(11) 遺産分割事件の評議について
坂本由喜子「ケース研究」二三五号

(12) 遺産分割調停手続における調停委員会の評議
山名　学「判例タイムズ」六八八号

（二）前提問題

(1) 遺産分割の前提となる諸問題　家事部会「調停時報」一二七号

(2) 遺産分割の前提問題　向井千杉「ケース研究」一九七号

（三）寄与分及び特別受益

(1) 遺産分割調停事件における寄与分の主張の取扱い　深見玲子「ケース研究」二三七号

(2) 老親の扶養と寄与分　家事部会「調停時報」一二九号

(3) 遺産分割と老人扶養の関係について　大沼容之「ケース研究」一二四号

(4) 寄与分ＡＢＣ　家事部会「調停時報」九七号

(5) 寄与分を定める調停事件　家事部会「調停時報」一〇六号

(6) 寄　与　分　家事部会「調停時報」一一八号

(7) 寄与分の要件　大塚錆子「ケース研究」一九七号

(8) 寄与分の認定・評価をめぐる若干の考察
――家事従事型、療養看護型を中心に――　石村太郎「家裁月報」四二巻六号

(9) 特別受益（一）主として持戻義務者と特別受益の範囲　家事部会「調停時報」八一号

(四) 遺言及び遺留分

(1) 調停にあらわれた遺言の諸問題(座談会) 室伏荘一郎ほか 「ケース研究」一二五号
(2) 遺言と家事調停 加藤永一 「ケース研究」二四一号
(3) 遺 言 家事部会 「調停時報」九一号
(4) 遺言のある遺産分割の取扱い 叶 和夫 「ケース研究」一六八号
(5) 方式違背の遺言書の取扱い 中田四郎 「ケース研究」一二五号
(6) 遺留分減殺請求権 家事部会 「調停時報」九二号
(7) 遺産分割事件と遺留分(座談会) 泉久雄ほか 「ケース研究」二〇〇号
(8) 遺留分減殺と遺産分割との関係 田中恒郎 「ケース研究」一四七号
(9) 遺留分減殺調停事件ノート 橋本昇二 「ケース研究」二四二号
(10) 遺留分制度と調停手続 家事部会 「調停時報」九五号
(11) 遺留分減殺請求事件の処理について 柚木長次 「書研所報」三六号
(12) 遺留分減殺請求による取戻遺産の性質と遺産分割事件の運営 矢尾和子 「家裁月報」四九巻七号

(注) 遺留減殺請求事件の重要論文で、とくに文末の別表は独創である。

(五) 当事者、参加人及び相続分

(1) 調停における相続人の確定　前島勝三「ケース研究」一四一号
(2) 分割当事者(相続人)の確定　野口頼夫「ケース研究」一六八号
(3) 遺産分割調停と利害関係人の参加　家事部会「調停時報」八四号
(4) 相続分　朝山宗「ケース研究」一六八号
(5) 相続分の譲渡・その他家事事件研究会の記録　司法研修所「ケース研究」一三二号

(六) 遺産の範囲

(1) 遺産の範囲(1)　駒田駿太郎・高橋勝男「ケース研究一六八号
(2) 遺産の範囲(2)　水上東作・高柳輝雄「ケース研究」一六八号
(3) 遺産目録作成の場合に注意すべき点　中川隆司「ケース研究」一二九号
(4) 遺産分割における代償財産　松原正明「ケース研究」二〇八号
(5) 遺産分割と不動産の貸借関係　家事部会「調停時報」一三四号
(6) 借地権の分割について　大津千明「ケース研究」二一六号
(7) 相続財産としての借地権　家事部会「調停時報」一二〇号

(8) 遺産分割における借地権の取扱について　岡部喜代子「ケース研究」二三一号
(9) 遺産分割の対象としての借地権　家事部会「調停時報」八三号
(10) 遺産分割において共同相続人の一人が遺産である土地上に家屋を所有する場合の諸問題　福島節男「ケース研究」二一四号
(11) 死亡退職金は遺族の固有財産か　前原捷一郎「ケース研究」一四一号
(12) 漁業補償金、耕作権、営業権　中川隆司「ケース研究」一二九号
(13) 生命保険金、死亡退職金、弔慰金（香典）は遺産分割の対象となるか　大沼容之「ケース研究」一二四号

(七) 遺産の評価

(1) 遺産の評価　福田健治「ケース研究」一六八号
(2) 不動産鑑定評価書の見方と遺産分割評価の考え方　小谷芳正「ケース研究」二四四号

(八) 遺産の管理

(1) 財産管理のための選任管理者制度　家事部会「調停時報」一三一号
(2) 遺産の管理について　穐原　孟「ケース研究」一二七号

(注、遺産管理人と民訴法上の仮処分について詳しい)

(3) 家裁における財産管理の実務
——東京家裁における不在者財産管理事件及び相続財産管理事件の処理の実情——
松岡　登「昭和六十一年度日本弁護士連合会研修叢書」

(4) 相続財産の管理費用の処理について　下山保男「ケース研究」二二八号

(九) 相続税

(1) 相続税の話　山下幸政「ケース研究」一六八号

(2) 遺産分割に伴う相続税の仕組み　清水　節「ケース研究」二三〇号

(3) 家事調停のための税法　小関淑子「調停時報」一一〇号

(一〇) その他

(1) 生前における相続契約ないし遺産分割協議の効力　渡瀬　勲「ケース研究」一四五号

(2) 遺産分割と登記　谷山忠也「ケース研究」一七一号

(3) 銀行業務と家事調停(座談会)　谷川克ほか「ケース研究」二〇七号
(注) 貸金庫の問題なども話題に含まれていて貴重な資料である。

(4) 遺産分割の禁止　朝山　崇「ケース研究」一四二号

(5) 外国人の関係する相続（概論）　家事部会「調停時報」九八号

(6) 渉外遺産分割に関する進行管理事務

全国書協福岡高裁地区書記官制度研究会「書協会報一一一号」一三六頁以下

右の資料中、「家事部会」とあるのは、調停委員研修委員会家事部会の省略であり、「民事部会」とあるのは、同委員会民事部会の省略である。

第三部　遺産分割調停事件における調停委員の説得と話合いの技術

1　説得の類型と順序

家族については、古来、「家族とは血によって結ばれ、金銭で不和になる人々の集団」、「金持ちには子供はいない。いるのは相続人だけだ。」、「形見分け巳後は音信（いんしん）不通なり」など、痛烈な俚諺が幾つも残っている。

遺産分割調停事件は、一面、その集団の解体作業を伴っている極めてシビアな紛争で、愛憎と欲望がないまぜになり渦巻く事件である。したがって、家事調停委員の当事者との話合い、説得は、他の家事調停事件とはかなり違う面が出てくる。例えば、損得の駆け引きが行われるのは日常茶飯であったり、法律上の議論が当然であったりする。そのため、弁護士代理人のついていない当事者には、法律的語彙別の適切な表現法を家事調停委員側から提供しながら、事実を確認し、主張を整理してゆくことも必要になってくる。

その前にまず、話合いに乗ってこない当事者がいる。家庭裁判所調査官による出頭勧告でようやく出頭した当事者に対して一番に為すべきことは、後にも述べるが、決定権は当事者が持っており、かつ、その中に拒否権もあるのだということをはっきり認識させることなのである。そうして話は、出来る限り、抽象的概念を避け、具体的に行うことである。

また、遺産分割調停事件では、やむを得ず解決まで長期化することが多いから、なるべく早い時期に、当事者本人、弁護士代理人の交渉方法のパターンを呑み込んで対応してゆく必要も出てくるのである。当事者らの用いる慣用句の意味を特定して知ることとともに交渉のパターンが分かってくると、次にくる発言がかなり予測可能となり、交渉も容易となってくる。

以下、項目を分けて説得や話合いについて実践を踏まえた方法を挙げながら考えてみることにする。

1　説得の類型と順序

説得の方法は、いろいろに分類できようが、私は、巻末［遺産分割に関する参考資料］(12)の草野耕一弁護士の説く三類型が遺産分割調停事件に有益であると思っている。その三類型とは、「**感情的説得**」、「**論理的説得**」、「**功利的説得**」であるが、遺産分割調停事件では当事者らは、「泣き泣きもよい方をとるかたみわけ」とか、「泣きながらまなこを配る形見分け」という古川柳があるように、当初は功利面を表面に出したがらないから、通常はまず感情面の事実を語るにまかせる。このとき、当事者らは、相手の不当をなじり、自分はやむを得ず争うのだという弁解を続けるから、これを聞いてやると同時に、被相続人の生前の話などを引き出したりして感情面に訴えてゆく。次に、論理的説得を行うことが主となるが、論理的説得は、調停委員会と当事者と双方の価値観が同一基盤上になければ意味をなさない。長男が現在の相続制度の理解が薄いときなどはその例であるから、このときは、相続制度を十分に説明して同一基盤上に立たせることが先決である。そうした上で、最終的には功利的説得で押し通すという順がよいと思う。

しかし、いずれにしても類型は類型にとどまるから、臨機応変の活用が大切である。また、回が進んでからも再三感情面を持ち出す当事者に対しては、それは一種の儀式とみなして素早く話題を本題に切り替える。調停委員がその都度丁寧に対応する意義はすでに失われているからである。

2　共通の利益の引き出し

遺産分割調停事件の当事者は、対立している当事者といえども共通の利益は、必ず潜在している。その潜在している共通の利益を顕在化し、当事者に認識させ、その実現に協力させることは、その利益が小さいものであっても、調停の進行に好影響を与えることになるだろう。

ただ、当事者がその共通の利益に気が付いていても、恐らくどちらも先には言い出しにくい。それは言い出した方が弱気と受けとられる可能性が大きいからである。だから家事調停委員側からそれを持ちかけてやるのがよいだろう。

遺産分割調停事件では必ず共通の利益が存在すると述べたのは、遺産分割事件にあっては、当事者はすべて、調停の対象物である遺産の共有者であるところから生じている。当事者らが協力しなければ解決せず、不利益が待ち構えている事情が必ずあるのである。

それらを例示してみよう。

① 現在の当事者の死亡による将来における当事者の増加
② 審判移行に伴う解決までの日数の長期化
③ 相続税に付加される利子税、延滞税もしくは加算税の増加
④ 遺産不動産を第三者へ任意売却する場合の売却価格

これらはいずれも当事者全員に共通の潜在的経済上の利益であり、その他にも、

⑤ 遺産不動産である土地を更地にして売却する場合のその地上の建物の取りこわし費用
⑥ 同土地を現物分割するための測量費
⑦ 遺産家屋に居住する第三者に対する明渡請求に要する費用

なども、低額であればあるほどよいという潜在的共通の利益である。

3　争点の取上げの順序

争点の取上げの順序と言っても、前提問題については、真っ先に取り上げなければならないことは前に述べた。ここでいうのは、その他の争点であって、大きい問題から取り上げて解決していくのか、小さい問題から取り上げるのかということである。

この場合は、まず比較的小さな、しかも解決し易い簡単なものを見出だしてそれを議題に取り上げてみる方がよい。これが解決すると、当事者双方に一種の安心感と達成感が得られてあとの交渉がやり易くなる。今、小さな問題からと述べたが、「まとまりそうな問題から」と言い換えてもよいだろう。初めから難問の交渉に入ってデッドロックに乗り上げ、調停の進行がニッチもサッチも行かなくなることは避けることである。

それでもまとまりそうだと考えた当初の見込みがはずれて、意外とむつかしく行き詰まったときは、一時その問題を横に置いて、次の問題に移ってみる。その次の問題で合意すると、前に横に置いていた問題が今度は簡単にまとまることがある。

例をひとつ挙げよう。

遺産の中の預貯金を後に当事者の一部が不動産取得の場合に調整金として利用する必要がないとき、

早目に全員合意の上、引き下して相続分に応じて分配することはその後の調停を進めるのに有効な方法である。この方法は、双方弁護士代理人がついているときしばしば行われている。

なお、ここで「調整金」と言った意味は、「代償金」とは違う意味で、遺産である不動産を当事者の一部が取得した場合、他の者がその預貯金を取得し、不足なら重ねて代償金を支払わせるという利用面からみた預貯金ということで「調整金」と言ったが、この語はかなり浸透して用いられている。

4　重要事項の確認に用いる言葉（あうんの呼吸・腹芸の禁止）

遺産分割調停における当事者の発言、あるいは、**中間期日調書**をとるまでのこともない小さな合意などはその都度、家事調停委員が確認していかなければならない。これは、身分に関する他の家事調停、例えば、夫婦関係の事件などは、一度当事者の意思が決ったとしてもまたもとに戻ることもあろうし、それをとや角批判することは出来ない。しかし、遺産分割調停事件は、基本は財産紛争をめぐる交渉であるから、毎回、毎回の積み重ねで進んでゆく。したがって、どこまで進んだかということは、夫婦関係事件とは決定的に違う点である。途中で双方の合意で決った基本的合意事項、例えば、主要遺産である不動産を相続人の一人が取得し、他に代償金を支払うとしていた合意を最終段階でくつがえしたときなどは、その調停を不成立とするより方法がないのである。
以下に確認の方法と、その効果について述べる。

〔方法〕

確認は、継続期日の毎回の冒頭に必ず行う。当事者双方合同の席上がよい。重要事項の口頭主張があったら、その都度確認の上、その内容を次回期日までに書面で提出するよう促す。

確認の場合の前後の用語であるが、まず初めに、「あなたの主張を私が正しく理解しているかどうかもう一度確認をさせてください。間違っていたら、すぐに訂正してください。」と言ってから確認の事実を述べる。そして終りに、「では、こちらの理解が正しいようなので(又は、「では、こちらの誤っていた理解を正したので」)、以上を前提として調停を先に進めることにします。」と付け加える。このようなことを実践している女性の家事調停委員を私は何人か知っている。これは当事者にかなりの好感をもって受け入れられることは間違いない。しかし、この言葉を用いて確認できるにはその調停委員に相当の余裕がなければ無理であろう。

さて、確認のため、当事者の言った事実や主張を述べるときの要約の方法であるが、要約は、言い換えの形態の一つであるから、次の点に注意しなければならない。

① 当然のことながら、論点をはずさない。ずらさない。

②　当事者が重要としている順に確認する。

③　確認中に家事調停委員の意見を絶対に付け加えてはならない。まして、ここで**当事者の誤りを指摘してはならない**。

ただし、言い換えであるから、ここでの法律用語の提供は可能であるけれども、提供のときにその用語の共通認識を確認しておくこと。

〔効　果〕

確認の効果は次のような形で現れる。

第一に、出席者全員すなわち、当事者全員及び調停委員会が正確に現在の調停事件の進行内容について共通の認識が出来上ったということで、互いの誤解のままで進行して無駄足となるようなことはなくなったのである。

第二に、以後の交渉の進行のペースについて調停委員会側が確固とした土台を確保したということである。同一の話題をいったり来たりしてモタモタすることもなければ、当事者の引延しの企図も事前に防げる。

第三に、調停委員会に対する当事者の信頼を強固にすることができる。当事者は、「ああ、委員は事実をきっちり把握し、言い分もしっかりと聞いてくれたのだなあ。」と思うであろう。

以上のようなことから分かるように、世間でよくある「あうんの呼吸」とか、「腹芸」というのは、経済的紛争の色の濃い遺産分割調停事件では禁じ手である。えてしてそれは、思い込みとか独善的判断に基づくことが多く、誤解の種となる。「前向きの方向で」などと言わない。また遺産分割調停事件の当事者に、腹芸でうまくいったなどと思っていると、手ひどいシッペ返しを受けることになる可能性も大きい。私には大きな失敗がある。

5　相手への主張・提案の伝え方

一方の主張や提案を相手に伝えるときは、一般に理由を先にして、結論をあとにした方がよいと思われる。結論を先にし、理由を後にするのは、判決、審判、法律の論文試験の答案である。議論で結論を先にすると、そういう場に不馴れな当事者は、理由が告げられているのにそれは上の空で聞き流している。結論に対する反論を考えるのに精一杯の精神状態に入ってしまっているからだ。判決でも死刑判決が理由が先に読み上げられるのが通例であることと思い合わせると理由を先に述べるというこの伝達方法のすぐれていることがはっきりすると思う。

6　主張・提案の回答の求め方

前項で主張・提案の伝え方を述べたが、その回答の求め方にも工夫がいる。

重要な事項についての新しい主張や提案に対する回答は即時に求めてはならない。合意しそうな内容だなというようなときでも、回答を急がせると、Noという返事が返ってくるのが通常である。回答を急がせられた当事者の立場に立つとそれはすぐ分かる。とりあえずNoと答えておいて、あとで検討した結果次第でOkと答えるのはたやすいのである。Okと答えてあとでNoと変えるのは、信義から言って非常に困難であることは誰でも知っている。とっさの間では、Noと口を突いて出るのは当然であろう。

だから、少なくとも、控室で検討する時間を与えてやるか、「むつかしい問題でしょうから、慎重に検討してください。次回に回答をいただければ結構です。」として、次回期日を指定することにする。決定までの検討の余裕を与えられない当事者には不満が必ず残るということも考慮に入れなければならない。

7　タイム・リミットの設定

成立が間近になってきたときの遺産分割調停事件のタイム・リミットの設定には、特殊なものがある。被相続人を偲ぶことについては異を唱える当事者はいない。そこで、例えば、仏教を信ずる当事者達には被相続人の年回忌を成立のタイム・リミットとして設定することがある。三回忌の忌日をはじめ、毎年めぐってくる忌日前に事件を解決し、被相続人に報告することを勧めるのがよい。

そのほか、他の調停事件についても行われていることだが、年末までとか、キリスト教信者であることが分かっているときなどは、クリスマス前までにとか。タイム・リミットを設定して成立を図る努力をする例が多い。

問題解決のタイミングを示すのに「潮どき」、「好機」、「啐啄（ざいたく、又は、そったく）一致」などという言葉があるが、一度逃がしたチャンスを二度摑むのはなかなかむつかしいのである。

8　立場からの主張の対応

当事者には各々の立場がある。遺産分割調停事件では、その立場に理解を示すことが必要である。だが、立場の理解と、その主張、提案を認容することは別であると考える。

では、普通、遺産分割調停事件での立場の主張とはどういうものが見られるか。

まず、**長男の立場から**。

「自分は、長男として、これからも○○家を代表して親戚一同と付き合っていかなければならない立場であるのに、弟の○○からこの申立てを受けた。事前の話合いもロクにしていない。長男としてのオレの面子はつぶれた。オレの立場はどうしてくれる。」

次は、**後妻の立場から**。

「私は、相手方ら先妻の子をわが子同然に育てて来ました。その立場をどうしてくれるつもりですか。その上、このような仕打ち（遺産分割調停の申立てをさす）を受けるなんてあんまりです。私の人生は何だったんでしょう。」

というものである。

この対応については、その立場の主張を過小評価してはならない。真剣に聞く必要がある。その上で、「あなたの立場はよく理解できました。私もあなたの立場であれば、同じように考えるでしょう。」と述べ、続けて「しかし、調停委員会としては、あなたの言われる立場からだけでは調停は進められないのです。相手には相手の立場もあると思うのです。この調停では、お互いの立場を切り離してこの遺産をどう分けるかということ（利害関係）に限定して話を進めていきましょう。」と説明し、調停に入ることにする。ここで、当事者の中には、さらに、「相手に何の立場があるか。言い分などあるはずはないじゃないか。」などと言いたてる者もあるが、これには、「まあ、伺ってみましょう。」というくらいにとどめておいた方がよい。

立場の主張は、家事調停委員の理解が示されれば、むし返しはあまりないようである。

立場の主張では、弁護士代理人固有のものがある。

弁護士代理人が、審判において認められる可能性のほとんどない主張をその立場の上からしようとしている場合の対応をいずれも寄与分で二例挙げてみたい。

例（1）

被相続人とは、相続関係に立たない者の遺産形成に寄与したことを一人の相続人の為に主張しようとしている場合の対応

「それは、弁護士代理人として正式に御主張されるのでしょうか。もしそうであるなら、寄与者は、

相続人や寄与した相続人の代襲者でもない第三者のようですから、どうか書面で主張してください。」と対応した。

例 (2)

調停の途中から受任した弁護士代理人が、寄与の形態が単に被相続人の住居の近所で生活していたというだけの子について、他の相続人らに全く遺産を渡したくないと言っているという理由から、特別の寄与分として総遺産の七〇パーセント前後を主張したいとしている場合（本人不出頭。主張の書面未提出）の対応

「本人は、私ども委員に対しても他の相続人には渡さないと言って、調停の土俵に上がって来ませんでした。かえって委員に対して敵意をあらわにした言動をいたしました。その点も御考慮の上、寄与分の程度を主張してください。余計なことかも知れませんが、私は本件が審判に移行した場合、寄与分の判断によっては、私どもに向けられていた本人の矛先が代理人に向きを変えることを危惧しているのですが。」と対応した。

この二例の私の意図と賢明なそれぞれの弁護士代理人の採った結果は、多分、読者の御想像のとおりであろう。

9　大幅譲歩戦術の対応

これは**先制譲歩戦術**と呼んでもよい交渉の方法である。

一般に遺産分割調停事件で登場する交渉戦術は、まず、訴訟をチラつかせて脅したり、大声を出し、「遺産隠しの調べはついているんだ。」などと**ハッタリ**をきかせ、相手方や調停委員会に圧力を加え、その上で過大な要求を出してくる。そうして譲歩は、できるだけ小出しにする、つまり、過大要求からまるでサラミ・ソーセージをスライスしていくように徐々に後退する。そのときもこれだけ譲歩してやっているのだとこちらに恩を売りながらである。

だが、これから述べる戦術は、右の一般方式とは全く逆の方式である。いきなり結論ともいうべき大幅な譲歩をぶっつけて登場してくる。例えば後妻が明らかに法定相続分の二分の一を半分近くも下回るような具体的な分割案を先妻の子らに提示してきたことがある。このような戦術は滅多にお目にかからないが、このような当事者には、もうそれ以上の譲歩はないと思ってよいし、そのようにも主張する。したがって、この戦術に出くわしたら、相手側に事態を認識させた上で、「もはや提案者にこれ以上の譲歩はおそらく望めないでしょうから、あなたは案をよく検討して最終の対応をきめてください。」という他はないであろう。

10　背水の陣をしいた当事者の対応

背水の陣とは、「背レ水陣」で、水（川）をうしろにして陣を構える。正面の敵と相対して絶対に後退できない決死の態勢に自らを置いて戦う軍略で、趙を攻めた韓信が用いたとされる。ルビコン河を渡ったシーザー、厳島上陸後直ちに舟をすべて返してしまった毛利元就、籠城中に飲料水の入ったカメを部下の前で割った柴田勝家などみな不退転の決意で戦い、勝利を得た例である。

遺産分割調停でも、この戦術を採る当事者は時々出てくる。「もう譲歩はここまでが限度です。あとはこちらは徹底的に戦います。相手側がどう出ようと勝手です。」というのである。自らの裁量、自己決定の変更を不能にしているわけであるが、その陰に、相手に向って、「譲歩した方が得ではありませんか。」という意図が見えている。

この戦術は真であるときと擬似的なときとがあるからそれを見抜く。見抜く方法の一つは、「そこまで言われるならば不成立で審判に移行ということですかねえ。」とさりげなく問いかけてみる。真であれば、答えは「仕方ありません。」となるだろうし、疑似であれば、別の答え、例えば「まず相手に伝えてくれ。」というような答えで、端的な回答ではないだろう。

そこで真の戦術のときは、その戦術を採らざるを得なかった背景を考えることが大切である。簡単に不成立に導いてはならないことがある。同一グループの当事者、親戚、配偶者らから弱虫、面汚し、裏切者、何を交渉しているのだ、という批判をかわすためにこの戦術によらざるを得なかったということもある。家事調停委員は、このような当事者には、その背後にいる者の批判に対する理論武装をさせる必要がある。しかも、その理論を当事者自らが考え出したようになればなお一層よいのである。

その戦術が擬似的背水の陣であれば、相手に対して小さな伝達妨害をしても許されるであろう。方法は、家事調停委員から相手に「こういう主張がありましたよ」と軽く伝えるのである。そして、擬似的背水の陣を布いた当事者にはその自縛的主張の強い確認をしないでおく、その確認は主張した当事者がその主張をあとで撤回するときの妨げとなるからである。面子を失ってまでも撤回したくないと、疑似の主張が真の主張に転換するかも知れないのである。

11　当事者がそれまでの態度を急に大きく変えてきた場合

当事者が態度を大きく変化させる原因はいろいろあり、その原因を知らなければ対応は難しいが、ここでは、「**ユダの改悛**」と「**聖者の堕落**」というべきものについて考えてみたい。

「**ユダの改悛**」とは、ズル賢く、前言を翻すことなど平気であった当事者が、急に調停委員会に協力的な姿勢を示してきた場合である。しかし、ユダが改悛したからといって、どこまでのものか分からない。例えば、調停委員会が代償金の額を数百万と見当つけている場合、ユダが、当初全く支払わないとしていたのに、突如、一〇〇万円なら支払うと譲歩したときに、これに直ちに反応して相手側に伝えるべきではない。その譲歩は、一応評価しながらもなお一層の譲歩を迫るべきである。ユダはギャンブラーの一面を持ち、自らの不当性の認識と、その限界も知っている。バナナの叩き売りではないが、裏に数次にわたっての譲歩案を持っている可能性が高いのである。また、ユダが、「これは最終案だ。」と言ったときも、真に受けてはならない。調停委員会の選択の幅と、時間を制限することにより、判断を狂わせようとしているのである。バナナの叩き売りのような案の出し方が禁じられるのは、調停委員会であってユダの禁じ手ではないのである。

「**聖者の堕落**」とは、それまで調停委員会に協力的で、その主張も妥当と思われていた当事者が態度を一転し、急に非協力的になり、同時に主張を変更したような場合である。この「聖者の堕落」は、ユダの改悛に比べて家事調停委員に与えるインパクトは大きい。聖者と見ていたのがエセ聖者であったか、聖者も元を正せば普通の人間であっただけなのかは別として、家事調停委員は、ガッカリ度がいつまでもあとを引かないよう、気持ちの速やかな切替えと新提案に対する素早い対応が必要である。聖者は、堕落しても従来の行きがかりから多くの駆け引きをしないのが通常だからである。

12　双方の金銭的主張が大きく離れている場合

当事者双方の金銭上の主張が一対一〇のように大きくかけ離れていると、普通なら調停不成立というところだが、ここで試みてよい説得の技術として、草野芳郎判事は、巻末［遺産分割に関する参考資料］⑽七六頁以下でユニークな方法を説明している。遺産分割調停の代償金でいうと、一方が一、〇〇〇万円、他方が一億円の主張をしている場合、金額の少ない一〇、〇〇〇万円の方を倍、倍としてゆき、多い方を半分半分としていって互いの多寡が逆転する直前と直後の金額をとらえて双方の数字をそれぞれ平均し、出た二つの金額の附近を案として提示するというものである。図示すると別図のようになる。この方法で算出される金額が、一、〇〇〇万円と一億円の中間の五、五〇〇万円より低くなっているところがミソである。この方法を実際に応用した私のたった一つの例で渉外事件ではあるが、低い金額の主張者から、この方法で算出した額よりさらに低めの金額ではあったが、それでも従前の主張金額の二倍の額の提示がなされてその額で調停が成立した。

この方法の利用上の問題は二つある。一つは、提示案の金額の根拠は、ある程度明らかでなければならないのにもかかわらず、この算式の根拠が不明であること（もっとも、足して2で割る方式も根拠がない）、もう一つは、当事者の一方が、かなり有力な資料に基づいてその金額を主張しているときには

A		B
1,000万円		1億円
↓		↓
2,000万円	（逆転直前）	5,000万円
↓		↓
4,000万円	（逆転直後）	2,500万円

$$\frac{2{,}000+5{,}000}{2}=3{,}500\text{万円}$$

$$\frac{4{,}000+2{,}500}{2}=3{,}250\text{万円}$$

提示案は、3,250万円～3,500万円

利用できないことである。利用できるのは、相続開始から長年月が経過し、相続税の申告書などの資料がほとんど散逸し、相続財産を管理している相続人が残存資料を明らかにせず、かつ、双方がかなりオーバーな主張をしていると認められるときに限られると思われる。また、付け加えると、この方式や、足して2で割る方式のようなアバウトな数字は、当初から出すべきではなく、最終段階で、万策尽きたときに出すかどうか決断すべきものである。

なお、相手が、到底受け入れ難い条件を提示して、駆け引きをする当事者とか、はじめから、「審判に回せ」とか言う当事者は、いずれも相手や、家事調停委員の本音を探ろうとしていることが多いことにも注意する。

ここで、逆に交渉が詰まってきて、互いの金銭的主張の差が僅かになったけれども譲り合いがつかない場合は、いわゆる**懈《け》怠《たい》約《やっ》款《かん》（失権約款）**を利用する方法がある。代

償金は低い方に設定し、過怠約款を厳しくすると、意外に合意に達することが多い。「過怠約款」の意義は多様のようであるが、ここでは、**期限の利益の喪失約款**で調停条項中に「○○が前項の分割支払を二回以上怠ったときは、当然に期限の利益を失い、残額とこれに対する期限の利益を失った日の翌日から支払い済みに至るまで年○％の割合による遅延損害金を支払う」というように表現されるものをいう。

13 仕切屋への対応

ここで、当事者のグループ分けとその落穴の項で若干触れたキイマンの問題点について述べよう。

彼はまた「仕切屋」とも呼ばれ、そのグループ内では、調停前からその意見の取りまとめと、他のグループとの折衝役をやってきたはずで、そのような者は一つのグループの中に必ずいるものと思ってよい。この仕切屋が有能で、グループの各当事者の意見を尊重し、とりまとめてくれている場合は、相手方との対立構図も明確となり、無用の紛争点も排除され、調停の進行もはかどることとなる。しかし、事は常にうまく運ぶとは限らない。彼が自己を過大評価し、独善的行動に走り、グループ内の意見を抑え込んで自分の意見をさもグループ全体の意見であるかのように主張したり、自分の力をグループ員に誇示するため、ことさらグループ員の前で調停委員に対し挑戦的態度を示し、不遜な言辞を弄することもある。その事例と対応の一例を紹介する。

ある期日にたまたま一つのグループの仕切屋が病気で欠席したことがある。その仕切屋は、前の期日までに激しく相手側に特別受益があると主張（相手側は否定）していたのだが、当日彼がいないのでそのグループの各当事者は事件の早期解決のためにその主張はしたくないと本音で口を揃えて言い出し、以後は二度と主張しないと確約をした。このことについて、次の期日に出頭した仕切屋は事前にグループの誰かから前回の模様を聞いてきていたのであろう、「前回、特別受益を主張しないことにしたそうだが、自分のいないところで決めたのはおかしい。自分は引っ込めない」と大声でわめき出し、彼のグループの面々はそれぞれ顔に当惑の色を浮かべるだけであった。私は咄嗟に彼の孤立化を思い付いた。すぐに仕切屋に「どうもあなたはグループの皆さんとこの点について考えが違うようですので、あなた一人別に話を聞くことにします。待合室に行ってお一人でしばらく待っていて下さい」と退室してもらい、物理的にグループの他のメンバーから隔絶した状態にし、残ったメンバーの一人一人からさらに特別受益の主張をしないことの確認をとったのであった。それからしばらくして仕切屋一人だけを入室させ、「みなさんに確認しましたが、やはり特別受益は主張しないと言っています。あなたはどうしますか。主張されるならこれからあの方々とは別々に話を聞くことになりますが」と問いかけたところ、さすがの仕切屋も「みんなが言うなら仕方がない。特別受益の主張はしない」と述べ、相手グループの寄与分の主張をしない旨の合意とともに中間期日調書を作成するに至ったことがある。

彼は、待合室で一人どのようなことを考えていたのであろうか。仕切屋にとってはもっとも大きな痛手である孤立感を噛みしめていたに違いないのである。

14　双方の強気の主張が真っ向から衝突する場合

この衝突とは、草野耕一弁護士によれば、当事者がいわゆるチキン・ゲームに突入した場合(チキン・ゲームとは、アメリカの若者の間でかつて流行した遊びで、二台のバイクに乗った者が、互いに遠方から対向して相手めがけて直進し、どちらがギリギリまで走り続けるかを競う。先に避けた方はチキン＝臆病者としてあざけられることになる)である。

遺産分割調停でいうと、**不動産価額**で双方が一歩もゆずらず、**代償金額の合意**がならないで審判に移行する場合などである。家事調停委員が、審判移行後のコストを挙げて互いの譲歩を求めても耳を傾けようとしない。その場合は、家事調停委員としては割切る以外に方法がないのだが、争いの最終の結果は知る術がない。

私は双方に弁護士代理人がいる場合は、速やかに評議を行い、進行についていたずらに時間を浪費すべきでなく、調停解決以外の方策を検討することを勧めるべきであると考える。弁護士代理人のいない事件では、チキン・ゲームに入ったことが本人達がそれぞれの法的立場を理解していないことによることもあるので、時間をかけて理解を求める必要も出てこよう。

前の例でいうと、不動産を取得する当事者が取得後、直ちに売却に取りかかると述べ、かつ、その客観性がある場合（遠隔地の自己所有地に家屋を持って家族と生活しているなど）に、代償金額から、売却後予想される売却手数料や公租公課の減額を主張することがある。このときは、調停であるから調停委員会として相手の説得に回ることも十分にあり得る。しかし、不動産取得希望者が現在その建物に住んでいて、将来もそこに住み続けると言明しながら、売却時の手数料、公租公課を試算して来てその減額を相手に迫って、解決がつきそうもないということがある。このようなときは、不動産取得者側に減額を要求する理由がないのだから、調停委員会で評議の上、時間を若干かけてもよいから撤回をするよう説明を試みることになる。

双方の**強気の主張**が感情に基づいていた面白い事例を紹介する。

対立当事者双方ともに弁護士代理人がついていた事件で、土地についてはその接道の関係からこれを価値比で二等分に現物分割することとなった。そこで双方が費用を均分に負担することにして、一方の弁護士代理人甲が窓口となって不動産鑑定士と土地家屋調査士を依頼し、土地の線引きを行って

A地とB地に区別けした上で甲代理人が図面を持って双方調停期日に出頭した。

そうして、双方対席した席上、甲代理人はその本人（欠席）はA地の取得を希望すると述べた。これに対して相手方の弁護士代理人乙は、実にディベートの教科書どおりともいうべき反論を行った。「よく言うではないか。兄と弟で一個のリンゴを半分ずつに分けるときは、切った者が兄であろうとも弟であろうともその者は最初にどちらを選ぶかという権利はない。切らない方がまず選ぶのが公平というものである。この度はそちらが線引きをしたのであるからこちら側に選ぶ権利がある。こちらはA地を取得したい。だからそちらはB地である」と。これは詭弁である。ただ甲代理人はすぐには再反論できない様子で勝負あったかに思えた。

しかし、乙代理人の依頼者本人は常々感情からまず反対することがこれまでも多かったことから私はこれに対して、「リンゴ分けの話は、分け方に客観性がないからそういうことになるのであって、この場合は不動産鑑定士の客観的評価がある。あなたの方がA地に固執するのであれば、それはA地が評価が高いということであろう。それならば等価になるまでの差額を負担するか、等価になるようそちらの費用で再び線引きをしてほしい。ただ、感情から反論しているのであれば譲歩してもよいのではないか」と説得をしてみた。すると、意外にも乙代理人は本人と顔を見合せ、うなづき合った上、ただちに「今の主張は、感情も混えてあったので撤回する。こちらはB地でよい」と回答し、合意が成立した。

さて、実はこのときの私の乙代理人に対する説明にも詭弁に似たいかがわしいものがあることにお気づきであろうか。それは甲代理人の側もあくまでもA地に固執する理由がないのだから、そちらにB地の取得を迫ってもよかったわけである。

私は、乙代理人側に説明しながら双方がA地にこだわった場合のことを考え、一つの結論を出していた。それは「くじ」である。評議の上、双方に「くじ」を引かせるのが最後の手段であった。「くじ」は二者いずれを選択するか決し難いときに最終の手段として古くから用いられてきた。例えば、嬉遊笑覧巻八に「南朝紀伝」をひいて、「正長元年正月畠山満家石清水に詣で御籤を取て将家の家督を定めし事あり」と記すが、これは足利四代将軍義持の病が篤くなったとき、その後継者を定めるに当たって衆議が決しなかったので、管領畠山満家が御籤を引いて足利義宣（のち義教と改める）に決定したことを言っている。また、モンテスキューも「法の精神」の中で、選挙に関してではあるが、「抽籤はだれをも苦しめない選び方である」と言っている。

調停でも十分に用いられてよい手段と考えられる。

15　不正戦術を用いる当事者への対応

遺産分割調停事件においても、当事者の中にはあの手この手の不正な戦術を用いる者がある。これに対する家事調停委員の対応として、我慢があり、又反発があるが、「我慢」は、し過ぎると、不正戦術を用いる側から足元を見られ、その相手の当事者からは信頼を失う危険がある。「反発」は、同じ手口でのやり取りをする、例えば、脅しに対して、「それでは、トコトンやってみたらいいでしょう。」などとやり返すのでは、すぐ不成立ということになり、調停ではなくなる。

正しい対応は、不正戦術の型に応じて、それぞれ正面から応じることが最良の方策であろう。以下順次考えてみる。

(1)　調停委員に対し恫喝的・侮辱的言動をとる当事者の場合

このような態度を示す理由は、当事者の性格からなのか、「負け犬はよく吠えなければならない。」という交渉方法としてやっているのかははっきりしない場合があるが、いずれにせよ対応は、脅しには決して屈しないという毅然とした態度で接する。このような当事者は、おそらく以前にも、どこか公的な場所でその戦術（方法）を用いて成功した例があって再び用いてきていると思われる。これは、

「攻撃型戦術」と呼ばれる形態である。まず、具体的方法をみてみよう。

それは家事調停委員のうちの一人に向けた権威、地位にかかわる個人攻撃で為される。例えば、「お前はそれでも調停委員か。」とか、「あんたでは話にならん、そんなことも知らんのか。家事審判官を呼んでこい。」あるいは、「オレは声の大きさでは誰にも負けんぞ。」などと言いながらテーブルを拳で叩くなどである。

その対応は、一応、嵐の過ぎるのを待つ。そして、攻撃を受けなかったもう一人の家事調停委員が主として対応した方がよいが、その際には、攻撃のもととなった原因・事柄には一切触れてはならない。攻撃が戦術としてなされたときは、家事調停委員が畏怖あるいは、怒りからその本音を出すこと、家事調停委員を自己のペースに引き込むことを狙っているのである。だから、その戦術を用いた当事者は、恫喝のあと、一転冷静を装って、「では、先ほどの話はどうなるのか。」と聞いてくる。そういうときは、なるべく早く機会をとらえて続行するのがよいと思われる。

「家事審判官を呼んで来い。」には、素直に、「来ていただきましょう。その件はすでに評議ずみですから、結果は同じと思いますよ。」と応じてよいのである。

(2)　進行引延しを図る当事者の場合

ある当事者の例であるが、毎回一時間もすると、「他に用があるので帰る。」と言い、事件が成立に向い出すと、すでに廃案となったものを別案として出したり、注意すると、「自分は、四年かかろうと、五年かかろうとちっとも困らない。」と進行の引延しを図った。

これは明らかに「進行妨害戦術＝オブストラクション」である。進行妨害戦術の背景には二つあると考えていいと思う。

その一つは、右の当事者の場合で、進行しないことによる利益の存在である。具体的には、解決するまで、無償で遺産の土地建物を利用してゆけるとか、相手が金に困って解決を急いでいることを知っていて、大幅な譲歩を得ようとしているとか、ひどいのには遺産を隠匿しているとか、かなり図々しいものまである。

二つ目は、早期解決による恐怖感の存在である。当事者には解決したとき果して代償金が支払えるだろうかとか、支払えないとき、この家を出てその後、生活はどうなるかなどいう恐怖感が根底に横たわっていることも多い。

この戦術の対応は、戦術であるから、調停成立の可能性が失われていることはないとみて、ねばり強い調整を行う。

「**利益の存在**」がらみの引延し戦術には、土地家屋の使用は、必ずしも無償にならないことがあり得ること、いつまでも引延しは出来ないこと、不成立、審判移行が検討されていることなどその際のリスクを警告した方がよい。「**恐怖感の存在**」がらみの引延しには、その除去を当事者とともに考えてやる姿勢がほしい。これは法律問題ではない。一般の家事調停委員の活躍の場であろう。

引延している側に弁護士代理人がついているときは、

①本人の同行を促す。②期限を設定する。③期日を複数設定する。④相手にも弁護士代理人がいるときは、その協力を得て、期日外の折衝を積極的に行ってもらう。などの対応策が考えられる。

(3)　詐術を弄する当事者の場合

詐術と言っても、それほど大きいことを意図したものは通常見られないが、遺産分割調停では、まず申立書添付の遺産目録に記載する遺産から**故意に預貯金をはずして隠匿する**ところから初まって、提出を求められた預貯金、現金などの支出明細書、葬儀費の明細書をごまかして出してくる当事者が見られる。

このような当事者に対する方法は、「嘘つき」呼ばわりをしないけれども、信用をしないという態度で、提出されたデータは、その都度、細かいチェックをして、合理的説明を求め、コメントを加えることが必要である。ウヤムヤな態度をしていたのでは、相手側からの信用を失い、ごまかした方を喜ばせるだけであり、後日になってから指摘しても、証文の出し遅れで、「提出したとき何も言わなかったではないか。」と逆襲を受けることになる。

次に、詐術と言ってもよい要求の釣り上げ戦術に言及しておく。

これまで議論をした争いの点がすべて解決して合意が成立したと誰もが考えたとたん、おもむろに当事者の一方が新たな要求を出してくることがある。例えば、このように。「大した問題ではないのだが、考えたら相続税の利子税があった。ついては、自分はこの分割で譲歩を重ねたのだからこの利子税は全部相手に支払ってもらいたい」と。このような当事者は、今、考えついたように言うのであるが、実は、この要求の提出のタイミングをねらっていた公算が大きいのである（後記18参照）。滅多にないが、もっとエゲツないのに、相手の譲歩を見て要求をエスカレートさせる当事者もある。

もう一つの例。「では、そちらの要求どおり、代償金を二〇〇〇万円引上げて、二、七〇〇〇万円にしよう。その代わり、先にこちらが負担すると言った葬儀費四〇〇万円は双方で折半しよう」というように、一つの譲歩と引換えにすでに解決ずみの要求又は新たな代償を要求する当事者がいる。この例で言えば、全体からみてこの当事者は何ら譲歩をしていない。二〇〇〇万円出して、二〇〇〇万円もらうということだ。彼には、相手をウンザリさせて早く解決させる気にさせ、譲歩を得るというねらいが潜んでいるのかも知れない。

これらの対応は、やはり正面から取り上げ、衝動的反応を示さないで相手に検討を促した上で、休憩に入り、その間評議を行う。調停成立の見込みは、相手の態度にかかっているが、一般に薄いと見ざるを得ないだろう。

ついでに、不正戦術ではないが、**当事者間で不毛の議論**が続くことがあるが、いわゆるガス抜きということもあるので、その話題に触れると、交渉のエネルギーの費消、拡散はそれなりの自然的効果があると認められることもたしかにあると思われ、**不毛の応酬**と考えても直ちに制止しない取扱いがよいと言われている。

16　本人と弁護士代理人との間に主張や考え方の食い違いが見られる場合

このような齟齬は、遺産分割調停事件以外でもしばしば見られるが、そのなかでも困るのは、本人にすでに調停を成立させる意思が見えているのに、代理人がその意向を示さないという場合とその逆の場合とである。

この場合の対応として、**弁護士代理人**を退けて本人と対話し問題を打開しようとするシナリオは最悪。本人を退けて代理人とだけ話し合うのも問題。どちらの方法も信頼関係を損なう。両者を退席させて打合せさせるか、本人、弁護士代理人同席の上、本人に明確な意思を表示するよう促す。そうすれば、代理人も何らかの対応を示すであろうから、調停委員側はそれを見て進行を協議すればよい。

考え方の食い違いで、明らかにどちらかが誤解していることに基づいていると思ったときでも、直ちに誤っている方をなじってはならない。いわゆる中国の一つの交渉術と言われている「指桑罵槐（桑を指して槐を罵る）」方法をとることが無難である。

17　当事者の範囲及び遺産の範囲についての合意の取り方と強者必勝型の場合の提示案

当事者の範囲の争いとして合意が考えられるのは、**被相続人が、不倫の相手を養子としている場合、**生存配偶者らが養子縁組意思の欠如などを原因として、養子縁組を無効であるとその事件内で争っている例などがある。このとき、養子がその事実の大筋を一応認めながら、なおも子としての法定相続分どおりの分割をのぞみ、一方、配偶者らが法定相続分はだめだが、多少の出捐で話がまとまるなら、それでよいというのであれば、養子には、訴訟の結果が出た場合は、all or nothing であることを説明して、譲歩を求めることが有力な方法である。

遺産の範囲の紛争でもまた同様の手段の考えられるケースがあるが、訴訟結果のリスクがほぼ互角であると双方が考えている場合は、この方法で譲歩を求めることは難しい。では、これらの前提問題について争いがあり、当事者の一方が明らかに勝訴できると考えて強気に出ており、他方が勝訴の見込みはほとんどないと考えているいわゆる**強者必勝型**にあってはどうか。強者は、話合いが決裂した後の訴訟費用、時間的コスト、精神的コストの合計以上は譲歩しないであろう。したがって、調停委員会としては、場合によってはおおよそのコストプラスアルファを強者に示し譲歩を求めるのも一方法で、これで成立した事例も幾つかある。この方法は、説得は強者から試みるのがよく、強者が説得に応じると、弱者はかなり敏感に反応することが「**恐縮効果**」の名で知られている。

18　争っている事実について一方が決定的資料を提出したときの対応

隠していたと思われる遺産である預貯金が発覚して、相手がその預金の残高証明書や、取引明細書を提出することがある。

このような、**決定的資料が提出されたとき**に、隠していたと思われる当事者に、「まずいですね。隠していたのですか。」とか、「まだあるなら、早く出した方がよいですよ。」などと追い打ちをかけることはない。遺産分割調停は、倫理を説くのを主とする場ではない。隠していたと思われる方も、実は故意でなく、忘れていたのかも知れないし、故意であったとしても、バレたことですでに精神的に参っているのだから、「預金が新たに見付かったようです。これがその資料の写しですからよく見てください。」とあっさり言って、写しを交付するだけでよい。カーネギーの理論の応用である（巻末［遺産分割の参考文献］(8)、一九三頁参照）。

19　調停が大詰めの段階でそれまでなおざりにしていた問題が浮上した場合

調停委員会が、当事者が大筋で合意をしたと思った途端、「相手が受けとっていた遺産である貸家の家賃はどうなるのか。被相続人の死亡後のものは分けてもらいたい。」などといきなり問題が飛び出すことがある。これは実は突然ではなく、前にも話題に出たこともあるのを、調停委員会側が過小評価して取り上げるのを失念していたり、初めから見落としていたのであって、非は調停委員会にある。したがって率直に過誤を認めて謝罪し、正面から取り上げ、姑息な手段をとらないことである。この問題は、前に述べた**15**・(3)の当事者が故意に隠していた事実とは別次元の問題である。自己批判は誠実さを表すと同時に、相手の感情をなごませ、その抗議を事前に封じる。

20　葬儀費用及びこれに付随する費用

これらは、遺産債務そのものではないが、遺産分割調停事件では、かならずと言ってよいほど登場してくる。そうして、双方合意の上これを含んだ調停が成立することもまた多い。この話合いで問題となるのは、墓地購入費、墓石建立費、戒名料、年忌費用、永代供養料、お布施などで、しかも受領証のないものが多い。私は、相手方が承認しない場合、通常、相続税法基本通達による取扱いと同じように、仏式による葬祭であれば、告別式終了までの費用を取り上げることにしている。

葬儀費の分担をどうするか、その方法は、本体の遺産分割のまとまり方に応じていろいろの取り決めが行われている。一方が葬儀費を負担することにして、他方が、まだ他に遺産を隠している、又は、若干の特別受益があるなどという主張を引っ込めるなどということもよく行われる例である。

葬儀費の支払者の最終決着の方法は、訴訟事項ということになろう。大門匡判事は、「家裁がこのような葬儀費用の確定問題に深入りすること自体が出過ぎたことではなかろうか」（巻末「遺分割の参考文献」(4)、本書一九三頁）としている。

なお、平成一一年九月の全日本葬祭業協同組合連合会の調査によると、**葬儀費用の平均**は、全国では約二二九万円、東京周辺では二四五万円ということである。

21　祭祀承継問題の持込み（紛争の拡散）

当事者のなかには、この調停の機会に祭祀承継問題も片付けてしまいたいという者がいるが、私は、相手が同時決着を望まない限り、取り上げないことにしている。取り上げるべきだという有力な反対があるが、両者は異質の価値観のもとの民法の定めであるから、同一の場での話合いには不適当と考えるからである。ここで、別個の次元から両問題を同時に話を進めようという考え方がある。論点をふやし、それを交渉の一つの材料に使おうというのである。しかし、論点の拡散により少しでも有利に交渉を運ぼうとするのは、当事者の発想であり、調停委員会が持ち出すことではあるまい。また、論点の拡散は、混乱を招くだけの結果になりかねない。論点はできるだけ絞り込んでゆくべきである。

ここでも大門匡判事の考え方を援用しよう。相続税に絡む様々な紛争すべてについてであるが、「一挙解決は理想的であるが、「角をためて牛を殺す」ことになりかねないので、「遺産分割の限界をわきまえる」ことが併せて必要であろう。」（巻末「遺産分割の参考文献」(4)、本書一九三頁）。まったく同感である。

22　相手当事者に対する謝罪要求

当事者の一方から相手に対し、相手の謝罪が先決だとか、謝罪の調停条項を入れろという主張がされることが多いが、これに積極的に応ずる相手はまずいない。この要求が出される原因は、感情がらみのものが大半である。調停委員会がこの問題に正面からかかわりあっていたのでは、恐らくその調停は不成立になるだろう。この種の肉親感情の紛争は、できるだけ避けて通るのがよい。避け方はいろいろあろうが、私は、「それは、遺産分割事件とは違う心の慰謝の問題だから、その点で納得できないのであれば、本件とは別の法的手段を考えたらどうか。まずここで本件をまとめよう」と説得している。

それでも最後まで納得できないで不成立となった事例もある。

23　調停案の提示者と調停委員会案の提示の時期

相手方は、いわゆるタタキ台を含めて案は申立人側から出すべきであると主張することが多い。それは、先に案を出した方が不利だという固定観念からと思われることが多いので、遺産分割調停事件では、「申立人」、「相手方」とは単に呼称でしかなく、当事者全員が同一平面上にあることを説明し、できる限り双方から案を提出させる。一方から出たときは、他方に検討させ、かならず対案を出させて調整を図る方法を採るのがよい。調停委員会の案は、当事者のエネルギーが燃焼し尽くして、最終的に双方の案の調整が困難となったときで、しかも、十分とは言えないまでも成立に成算があるときに限って示すべきである。

24　調停委員会の案が拒否されたときの対応

前項で述べたように、調停委員会の案は、家事審判官を含めて十分評議をして当事者も合意する成算があって提出するのが普通であるが、意に反して一方がこれを拒否した場合どう対応するか。この対応はかなり緊張した場面となるだろう。

第一に、拒否を貫いた場合のリスクの大きさを当事者本人に認知させる。そのリスクを差引いた当事者本人の願望案と委員会案とを比較させて、本人に不調和音の低い方を選択させるのである。

第二に、審判の結果についての警告を行う。これは、家事審判官が行うのがよいが、家事調停委員が行うときは、十分な評議が必要である。

ここで警告と脅しとの差異を説明すると、警告は、客観的で前もって危険を知らせる行為であり、対決色はない。脅しは、主観的で、相手に痛手を加える意思の表明で、極めて対決色が濃い。したがってその表現も違うのであるが、警告するときは、冒頭にはっきりと、「これは決して脅かしで申し上げるのではありません。これから起り得るだろうことをお知らせしておきますから、検討する材料に加えてください。」と告げた方がよいと思う。

第三に、最後の手段として、不成立、審判となった場合の決定権者である家事審判官による最後の説得を行う。

以上の手段をほどこしても拒否した当事者の翻意がなければ、調停の不成立はやむを得ないことである。

25　念書の取り交わしをする場合

遺産分割調停事件では、当事者間の合意のなかで成立調書の条項に取り込みにくいものがある。例えば、納税義務者である当事者以外の当事者の相続税支払いの取決め、相続分譲渡に伴う調停脱退者に対する譲渡金支払いの取決め、祭祀継承の細か過ぎる取決めなどである。これらについては、成立調書の条項とはせずに関係当事者間だけの念書の取り交わしにとどめた方がよく、その取り交わしには、調停委員会は関知しない取扱いにする。

[遺産分割の参考文献]

(1) 「遺産分割手続運営の手引き(上)」 司法研修所(昭和五八年)
(2) 「遺産分割事件の処理をめぐる諸問題」 司法研修所(平成六年)
(3) 「遺産分割関係執務資料」 最高裁判所事務総局家庭局(平成五年)
(4) 「遺産分割関係執務資料(続)」 最高裁判所事務総局家庭局(平成七年)
(5) 「調査面接に関する実務上の諸問題」 家庭裁判所調査官研修所(平成七年)
(6) フィッシャー&ユーリー/金山宣夫=浅井和子訳「ハーバード流交渉術イエスを言わせる方法」(TBSブリタニカ・一九八二年)
(7) ウィリアム・ユーリー/斎藤精一郎訳「ハーバード流〝NO〟と言わせない交渉術」(三笠書房・一九九二年)
(8) D・カーネギー/山口博訳「人を動かす」(二版、創元社・一九八二年)
(9) 矢部正秋「ユダヤ式交渉術」(三笠書房・一九九〇年)
(10) 産経新聞外信部監訳「中国人の交渉術」(文藝春秋・平成七年)
(11) 廣田尚久「和解と正義」(自由国民社・一九九〇年)
(12) 草野耕一「ゲームとしての交渉」(丸善・平成六年)
(13) 草野芳郎「和解技術論」(信山社・平成七年)

(14) 佐伯胖「『きめ方』の論理」(東京大学出版会・一九八〇年)
(15) 立花隆「『知』のソフトウェア」(講談社・一九八四年)
(16) 多湖輝「言葉のトリック」(ごま書房・昭和六一年)
(17) 永崎一則「説得忠告ハンドブック」(PHP研究所・一九九五年)
(18) 野崎昭弘「詭弁論理学」(中央公論社・昭和五一年)
(19) フリチョフ・ハトフ/植松秀雄訳「法律家のレトリック」(木鐸社・一九九二年)
(20) ゲーリー・スペンス/松尾翼訳「議論に絶対負けない法」(三笠書房・一九九六年)
(21) レビン小林久子「調停ガイドブック」(信山社・一九九九年)
(22) レビン小林久子「調停者ハンドブック」(信山社・一九九八年)
(23) 石川明「調停法学のすすめ」(信山社・一九九八年)
(24) 廣田尚久「紛争解決学の最先端」(信山社・一九九八年)
(25) 廣田尚久「紛争解決学」(信山社・一九九三年)
(26) 廣田尚久「民事調停制度改革論」(信山社・二〇〇一年)
(27) 大野正道「企業承継法入門」(信山社・二〇〇一年、近刊)

相続税の基本的な仕組み

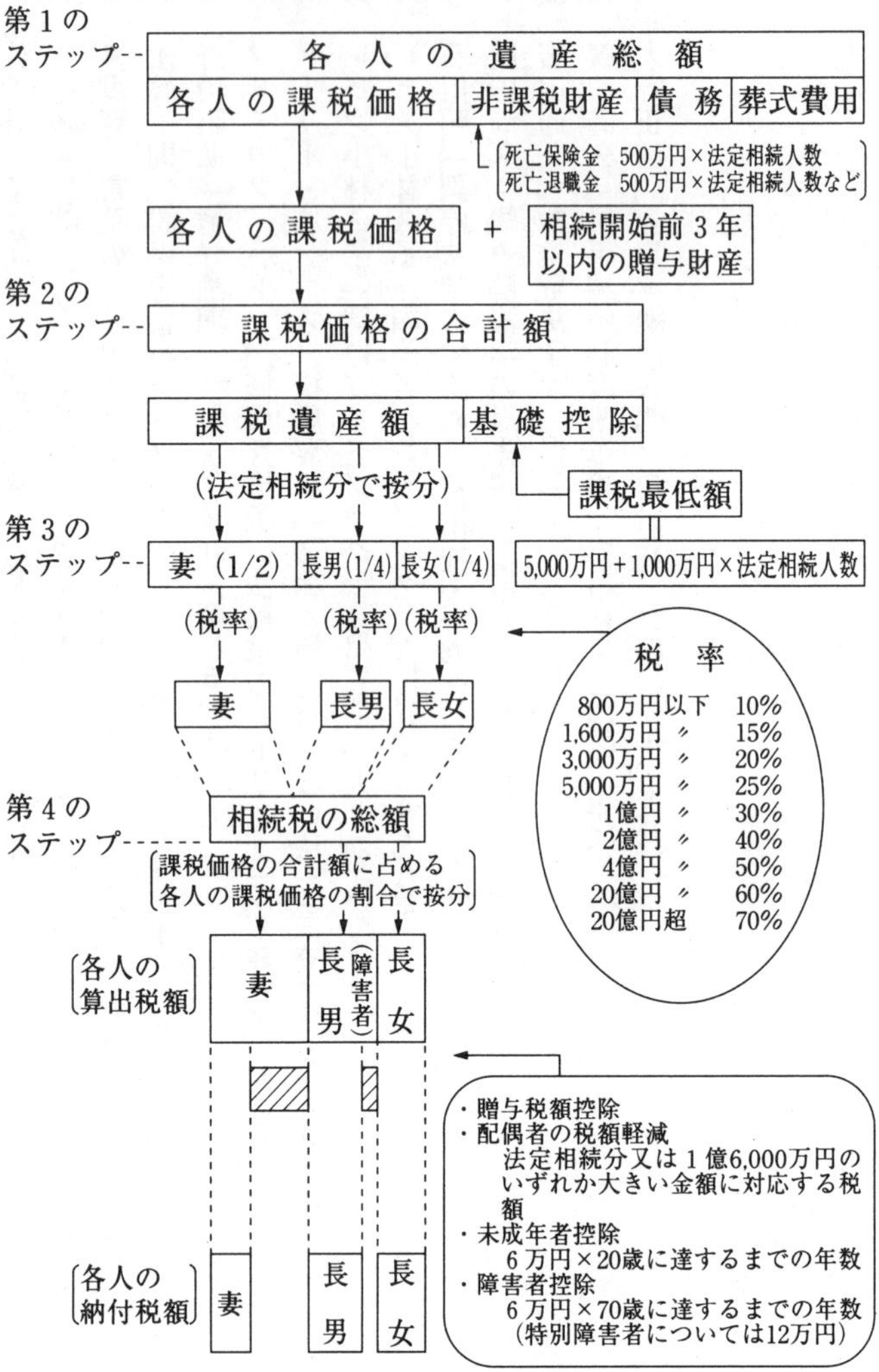
第1のステップ
各人の遺産総額
各人の課税価格
非課税財産
債務
葬式費用
死亡保険金　500万円×法定相続人数
死亡退職金　500万円×法定相続人数など
各人の課税価格
+
相続開始前3年以内の贈与財産
第2のステップ
課税価格の合計額
課税遺産額
基礎控除
(法定相続分で按分)
課税最低額
第3のステップ
妻（1/2）
長男(1/4)
長女(1/4)
5,000万円+1,000万円×法定相続人数
(税率)
(税率)
(税率)
税率
800万円以下　10%
1,600万円 〃　15%
3,000万円 〃　20%
5,000万円 〃　25%
1億円 〃　30%
2億円 〃　40%
4億円 〃　50%
20億円 〃　60%
20億円超　70%
妻
長男
長女
第4のステップ
相続税の総額
課税価格の合計額に占める各人の課税価格の割合で按分
各人の算出税額
妻
長男
(障害者)
長女
・贈与税額控除
・配偶者の税額軽減
法定相続分又は1億6,000万円のいずれか大きい金額に対応する税額
・未成年者控除
6万円×20歳に達するまでの年数
・障害者控除
6万円×70歳に達するまでの年数
(特別障害者については12万円)
各人の納付税額
妻
長男
長女

(山田二郎著『税法講義（第2版）』[2001年・信山社] より)

あとがき

本書の執筆の動機は、遺産分割調停事件についての家事調停委員のあり方を、反省を加えながら、今後どうあるべきか、どうすれば解決の道が近くなり、当事者サイドに立てるか、自らの実践を通じて考えてみる。また、私がこれまで事件を通じて体得し、蓄積したノーハウというべきものがあるならば、それを振り返りながら紹介してみよう。それは、私の永年勤めた職場に対する恩返しにもなるのではないかということであった。

本書の前身は、「ケース研究」二四八号（家庭事件研究会発行）掲載の小論であるが、その内容の全体にわたり詳細に書き改め、新しい項目を追加したものとなっている。その主な点は、第一部の「遺産分割調停事件の一般的執務」で、前提問題の取扱いの検討を深めたこと、第二部の「個々の問題の取扱いと周辺の事件の取扱い」では個々の紛争形態にどう反応するかを論じ、第三部「調停委員の説得と話合いの技術」不正戦術の対応をはじめ、普段にみられる交渉技術について大幅に書き加えている。だが、実践を通して考えるという基本スタンスを貫いた点は「ケース研究」における姿勢と同一である。ただ、内容にかなりの繁簡精粗があると思われるが、それは執筆者である私の力量の然らしむるところであるから御寛容いただかねばならない。

さて、遺産分割調停事件に現れる当事者は、現在もそうであるが、今後ますます調停委員会の司法的機能＝司法的判断に基づく調整＝に期待する度合を深めながら出頭してくることが予想される。これに対して家事調停委員が何らの回答を示すことなく、四〇年前、三〇年前のごとく、ただ「話をよく聞くのが調停だ。」と唱え、双方の言い分を相手に取り次ぎ、互譲を迫ることだけに終始していたのでは、解決のめどさえつかなくなるであろう。

加えて、人々の意識の多様化から遺産分割調停事件の調整の困難さは、年を追って増してきている。このような変化に対しては、家庭裁判所側がいかにその人的設備、物的設備のハードの面の強化に努力しても、それだけで解決し、対応できる問題ではない。現場で調停に携わる家事調停委員の実践のあり方というういわばソフト面での改革が進まなければ、早晩、家事調停そのものに対する国民の信頼が失われてゆくであろう。私の眼には、現状がこのまま続くなら、家事調停制度、なかんづく遺産がらみの家事調停制度の行方は、二一世紀の霧の中に埋没してしまう。早急な手当てが望まれる。

最後になったが、本書の執筆について日常の実践を通じ、いろいろと直接に、あるいは間接に教えをいただいた多くの司法関係者及び同僚の家事調停委員の方々に深い感謝の意を捧げる。

平成一三年六月

改訂改題にあたって

平柳一夫

ISBN4-7972-5095-X-C3332
NDC 分類 324.600 親族法

沼　正　也　著　著作集8

新刊案内 1998.10
第８巻第１回配本

［新　版］

親族法準コンメンタール
《総論・総則》

A5判上製カバー付　944頁　　定価：本体 26,000 円（税別）

親族法研究素材の宝庫であり百科である

民法のコンメンタールを作ってみたいという気持ちをもってから、もう十年以上も経ってしまった。いちばんさいしょに、民法総則か親族法かを取り上げてみようと思ったことだが、計画をあれこれと具体的に描いてみて、これはとてつもなく大変な仕事であることを悟った。民法総則か親族法かの着手順序はいつしか親族法順位に心に決めてしまったが、民法総則への心の動きも捨てがたく、親族法の各本条を始める前に総論的部分を配することで自分の二兎を追う気持ちを妥協させそのように固まって行った。

本書は「準コンメンタール」と名付けられたが、むしろ「コンメンタール素材」とでも命名した方がよいかも知れない。「コンメンタール素材」は、ほんらい、そのままに活字にしてはならないはずのものである。自分の文章に仕上げて初めて出版さるべきものである。　(本書のなりたちより抜粋)

目　次

①明治民法第四編第五編上諭／一　明治民法親族編の定立と改廃／二　「明治民法親族編中改正ノ要綱」と人事法案／②日本国憲法の施行に伴う民法の応急的措置に関する法律／一　民法応急措置法の制定／③民法の一部を改正する法律（新法）／一　新法の制定／④第一編ないし第三編の改正／一　第一編総則中改正／二　第二編物権編中改正／三　第三編債権中改正／四　第五編相続編中改正／⑤第四編及び第五編目次の章節款の改正／⑥親族編の基本構造／一　民法典の基本構造／二　民法と社会法／三　親族法の内的構造／四　身分行為／五　保護法行為／⑦総則（第一章）／一　旧法の総則と新法の総則／二　総則の理論構造／⑧親族関係（七二五条）／三　親族関係の発生と消滅／四　親族関係の法律効果／五　改正要綱の態度と批判／⑨親等の計算（七二六条）／二　親族概念と親等概念との相関関係／三　直系と傍系、尊属と卑属／四　親等の計算方法／五　親等・親系による親族呼称と別系統の親族呼称／六　親族図と五親等図／⑩養親族関係の発生（七二七条）／二　養親子関係／三　養親族関係／⑪姻族関係の終了（七二八条）／一　終了の諸場合／二　終了の法的効果／⑫養親族関係の終了（七二九条）／二　離縁による終了／三　終了の法的効果／⑬親族関係の保護法的効果（七三〇条）

信山社　〒113-0033
東京都文京区本郷 6-2-9-102　TEL 03-3818-1019　FAX注文制
FAX 03-3818-0344

ISBN4-7972-2402-9
NDC分類324 551不法行為法

新刊案内1999.6

潮見 佳男 著
京都大学法学部教授

2402 # 不法行為法

法律学の森 2

A５判変上製　総 560 頁　　定価：本体4,700円（税別）

☆ここに、不法行為法に関する体系書を上梓する機会を得た。不法行為法の混迷が叫ばれ、伝統的不法行為法の再構成が説かれた 1970 年代後半に一法学部学生として不法行為法の講義に接し（３年次に前田達明教授の講義を拝聴する機会を得た）、研究者としての道を歩み始めて以降も理論・実務の動きに大きな刺激を受けた世代の一人として、不法行為法の分野に関する自身のいくつかの個別研究を踏まえ、不法行為法理論への体系的視点を示し、あわせて個別問題への応接を試みたのが、本書である。その意味で本書は、教科書ではないし、注釈書でもない。まして、不法行為法実務への指針を直接示すものでもない。学術書として最低限のレベルは保ちつつ、先学による貴重な理論的蓄積をもとに、私なりに不法行為法の全体像を提示したにとどまる（文献の引用も、この観点からのものである。また、最高裁判決ほか裁判例については、おおよそ 1999 年 1 月末までに接し得たものを基礎としている）。通説・判例の立場から現在の到達点を客観的に明らかにする作業は、特に不法行為法の領域については、私としてはきわめて重要な作業であると考えているが、こうした観点に出た多くの類書に面して、本書ではこれを直接の目的としていない。また、教科書としての観点から教育的配慮（特に、段階的学習の初期レベルに対応する配慮）を施した不法行為法関連の書物としては、（「債権各論」の形で著されているものを中心として）最近になって優れたものが続けて登場しており、これに屋上屋を重ねる書物を出す必要は一少なくとも私個人としては一現時点でほとんどないものと考えている。これらを前置きとして本書の中身を観ていただければ、本書の目指すところも、おのずから明らかになるものと思う。（はしがきより）

目　次

第１部 不法行為法の基礎理論／第２部 不法行為損害賠償責任の要件／第３部 責任阻却事由／第４部 損害の確定と金銭的評価／第５部 損害賠償請求権の行使／第６部 賠償額の減額事由／第７部 損害賠償請求権の主体／第８部 特殊な不法行為（その 1）一複数関与者の不法行為と損害賠償／第９部 特殊な不法行為（その 2）一物の瑕疵・欠缺などを理由とする損害賠償責任／第１０部 権利侵害・危殆化を理由とする差止と現状回復

〈著者紹介〉

平 柳 一 夫（ひらやなぎ　かずお）

昭和５年新潟県生れ。昭和31年最高裁判所書記官研修所卒業後、各裁判所を異動勤務したのち、新潟地方裁判所事務局長を最後に平成２年退職。同年から現在まで東京家庭裁判所参与員、家事調停委員。
平成３年から、㈱インフォメーション・クリエーティブの取締役管理本部長を経て、現在監査役。

〈著書〉

遺産分割調停必携ハンドブック（初版·1997年、新版·1999年、信山社）
古典に見る遺産相続（仮題）（2001年近刊・信山社）

遺産分割の調停読本　〈信山社　法学の泉〉

1997年（平成９年）５月10日　第１版第１刷発行　1617-0101
1999年（平成11年）３月30日　新版第１刷発行　1617-0201
2001年（平成13年）８月20日　改題第１版第１刷発行　3064-0101
2007年（平成19年）１月30日　改題第１版第２刷発行　3064-0102

著者　平 柳 一 夫
発行者　今 井 貴
発行所　信山社出版株式会社
〒113-0033　東京都文京区本郷6-2-9-102
電話　03（3818）1019
FAX　03（3818）0344
order@shinzansha.co.jp

Printed in Japan

印刷・製本／松澤印刷

ISBN 978-4-7972-3064-2 C3332
3064-012-050-030

NDC分類　324.701

内容記述索引

あ 行

相手方　相手方が申立人に協力しない場合 ………136
相手への主張・提案の伝え方 ………………159
申立人と相手方の区別 ……………………20
あうんの呼吸　あうんの呼吸・腹芸の禁止 …………156
安定株式数　安定株式数を裏で獲得しようとする者がいる場合 ……………………123
遺　言　遺言及び遺産分割協議書の効力 ……………23
遺言及び遺留分 ……………………144
遺言が有効であること ……………………29
遺言が無効である場合 ……………………30
遺　産　**遺産に関する紛争** ……………………135
遺産の一部を返してほしい ………………136
遺産の現状 ……………………67,71
死亡退職金は遺産ではない（判例）。……115
被相続人や相続人の戸籍や住所、遺産の所在地 ……………………133
遺　贈　受遺者が遺贈をいったん拒否して遺産をもらわないことにする。（節税対策）…29
委員会調停　委員会調停と家事裁判官の単独調停がある。……………………14
委員会調停　家事審判官の単独調停↔委員会調停 ………14
遺言執行　遺言執行の法律と実務はどのようになっているか ……………………142
遺言執行者　遺言執行者は誰の代理人か。………105
遺言書　遺言書の効力が争われる場合 ………………28

	遺言書の存在を確認する	69
	遺言書らしいものの取扱い	108
	公正証書遺言では遺言書を無効とすることは無理	30
遺言書の検認	遺言書検認の申立て	108
遺言無効確認	遺言無効確認の調停	30
遺言無効確認調停事件	**遺言無効確認の調停**	135
遺言書	未検認の遺言書の提示	108
	有効な遺言書があるのにこれと内容の著しく異なる分割の調停は可能か。(相続目的)	29
遺産共有	遺産共有(紛争の最終解決は家事審判手続きによる)	132
遺産性	遺産性がない	132
遺産相続紛争	**十六夜日記にみる遺産相続紛争**	90
遺産建物	遺産建物の分割	128
遺産の範囲		23,31,146
	遺産の範囲と相続税の物納の相互関係の考え方と対応の仕方	113
	遺産の範囲とその現状	70
	遺産の範囲に争いがある場合	69
	遺産の範囲の変更	120
	遺産の範囲をめぐる紛争には大別して2つある。	31
遺産の評価	遺産の評価を大幅に間違った	136,147
遺産不動産	**遺産不動産について所有権を主張する第三者の存在とその排除**	65
	遺産不動産の見取図の作成と写真の提出要請	37
遺産不動産の売却	調停成立後の遺産不動産売却とその代金分割の合意	121

遺産分割　**遺産分割と高齢配偶者（2分の1取得）がいる場合** ……117
遺産分割に関する参考文献 ……139
遺産分割の周辺の調停事件の類型 ……135
遺産分割の準拠すべき法律（どの条文によってそうなるのか） ……133
遺産分割の前提問題をまず ……23
遺産分割協議　遺産分割協議が有効である場合あっても争うものがいれば訴訟によるしかない …29
遺産分割協議で漏れた一部の遺産 ……32
遺産分割協議の効力 ……28
遺産分割協議書　遺言及び遺産分割協議書の効力 ……23
遺産分割協議無効確認調停事件　遺産分割協議無効確認調停事件 ……135
遺産分割後の紛争　遺産分割後に紛争が起きたらどうするか ……135
遺産分割後の紛争調停事件　遺産分割後の紛争調停事件はどうする ……29,122
遺産分割調停事件 ……1,132
遺産分割調停事件と遺留分減殺請求調停事件をともに進めるとき留意すること ……131
遺産分割調停事件の記録は分厚くなる。 …2
内縁の妻は遺産分割調停事件の当事者になれるか。 ……103
遺産紛争　古典文学に見る遺産紛争 ……87
遺産分別　家庭裁判所の後見機能も重要（高齢配偶者扶養の問題と遺産分別） ……118
婚姻費用の分担は遺産分別のときにどう評価されるか。 ……43
遺産分別調停事件　相続財産管理人と不在者財産管理人が遺産分別調停事件で合意する手続 ……104

内容記述索引

意思能力	意思能力について問題となる当事者の存在 ……68
遺贈の放棄	遺贈の放棄があった場合 ……29,30
	公正証書遺言では遺贈の放棄は無理である ……52
一部の分割	残っていたものの一部の分割 ……32
一部分割	**一部分割の調停条項の例** ……128
	一部分割を行うとき留意すべきこと ……125
	調停で一部分割 ……128
一部分割調停	…… 121
一般調停事件	…… 131,135
一般調停申立	**別件の一般調停申立（遺産に関する紛争解決、親族間の紛争解決）** ……54
一般媒介契約	一般媒介契約（不動産売買の） ……50
委任条項	売却担当者に対する委任条項 ……122
遺留分	遺言及び遺留分 ……144
	遺留分の法律と実務 ……141
	法定相続分プラス遺留分の取得割合 ……131
遺留分減殺請求権	遺留分減殺請求権の行使による取戻財産 …… 132
	遺産が遺留分減殺請求調停の取戻財産である場合 ……131
	遺産分割調停事件と遺留分減殺請求調停事件をともに進めるとき留意すること …… 131
遺留分減殺請求事件	遺留分減殺請求事件は最終的には訴訟事項として取り扱われる。 ……131
遺留分減殺請求調停事件	遺留分減殺請求調停事件 ……29,111,131
遺留分減殺請求	遺留分減殺請求に対する時効の主張 ……132
遺留分相当額	遺留分相当額 ……52
遺留分放棄	遺留分放棄申述の必要がある場合 ……108

	遺留分放棄の申述に合意するケース ……108
	遺留分放棄の申述の許可は審判事項で、調停ではできない ……109
印鑑証明	印鑑証明が必要な場合 ……109
印鑑証明書	双方代理を許諾する旨の印鑑証明書付きの書面をつくっておく。双方代理の禁止に触れないように ……55
A号証	身分関係の書証（A号証）、不動産関係の書証（B号証） ……13
延滞税	…… 154
大幅譲歩戦術	大幅譲歩戦術の対応 ……164
乙号証	……13
乙類調停事件	乙類調停事件である遺産分割事件 …131,135
親子関係不在	親子関係不在 ……25
養　子	**被相続人が、不倫の相手を養子としている場合** ……183

か 行

カーネギー理論	カーネギー理論の応用 ……185
改　悛	ユダの改悛 ……167
改製原戸籍	改製原戸籍 ……3
回答書	当事者の回答書 ……13
開扉請求権	開扉請求権 ……110
確　認	…… 157
隠れた相続人	…… 26,27
	養子であるが戸籍上離縁されている者である「隠れた相続人」は判決を得て戸籍を正してはじめて当事者となれる ……27
加算税	…… 154
貸し金庫の開扉	被相続人名義の貸し金庫の開扉の手続 …110
家事裁判官	委員会調停と家事裁判官の単独調停がある。…… 14,60

	家事裁判官による家事審判手続きが開始する。……135
	家事審判官の単独調停↔委員会調停……14
家事審判手続き	遺産共有（紛争の最終解決は家事審判手続きによる）……132
	家事裁判官による家事審判手続きが開始する。……135
家事調停	家事調停の機能一般……1
家事調停委員	……1,17
	家事調停委員あり方……197
	不動産鑑定士である家事調停委員の意見開陳……45
家事部会	……148
価値観	価値観の相違……79
家庭裁判所	**家庭裁判所の後見機能も重要（高齢配偶者扶養の問題と遺産分別）**……118
過度の期待	過度の期待を抱かせるような言動はしないこと……18
株式の評価	株主名簿（相続株式の評価のとして）…123
	非上場会社株式の評価は相続税申告の際の税務署の評価を基準としている。…122
	過去7年間の決算書（同族会議の株式評価・鑑定のため）……123
株主名簿	株主名簿（相続株式の評価として）……123
可分債権	預金は可分債権である（判例）……109
仮の措置	調停前の仮の措置の実効性……128
	調停前の仮の措置を求めるとの書面……128
仮の措置を命ずる審判	仮の措置を命ずる審判（執行力・強制力はない）→調停前の仮の措置を求めた場合……128
管　轄	審判申立事件の管轄……8

簡易鑑定	簡易鑑定という言葉より簡易評価の方がいい。……47
簡易評価	簡易鑑定という言葉より簡易評価の方がいい……47
管轄裁判所	**管轄裁判所（どこの裁判所へ申立・申立られるかということ）**……8
換価分割	不動産の換価分割……121
韓国籍の被相続人	韓国籍の被相続人についてはすべて韓国の相続法が適用される（準拠法）……133
韓国の相続法	韓国籍の被相続人についてはすべて韓国の相続法が適用される（準拠法）……133
鑑　定	過去7年間の決算書（同族会議の株式評価・鑑定のため）……123
	鑑定を急がない……
鑑定合戦	鑑定合戦になる危険……49
管理費用	**遺産の管理費用はどうするか。**……125
期　日	調停が不成立のときの期日ですること……61
	口頭や期日ごとのメモ……64
記　録	**記録の手控え**……83
	記録の取寄せ……83
	記録の編綴順序……12
	定刻前に必ず記録を読み直す……39
寄　与	寄与の態様……41
虚　偽	……25
	戸籍が真正な身分関係を表示していない原因は錯誤、虚偽、懈怠の場合がある…25
	錯誤・虚偽・懈怠と戸籍……25
共通の利益	共通の利益の引き出し……153
共　有	鑑定人の鑑定書による共有物件の評価……47
	鑑定に要する期間は、通常の2箇月以内…123
	鑑定人による共有物件の評価……47

	鑑定の賞味期限は１年くらいか？あまり早くやっても無駄になる ……48
	期限の利益の喪失約款 ……171
	期日を追って指定の状態で放置してはいけない。 ……24
	基準地価（都道府県のもの）、公示価格（国土交通省のもの）、路線価（国税庁）による評価 ……46
	基準地価（都道府県のもの）、公示価格（国土交通省のもの）、路線価（国税庁）による評価 ……46
	基準地価（都道府県のもの）、公示価格（国土交通省のもの）、路線価（国税庁）による評価 ……46
	休憩時間の設定 ……82
	強者必勝型による共有物件の評価 ……184
	恐縮効果による共有物件の評価 ……184
	強制力による共有物件の評価 ……128
	共有物 ……118
	共有しておいた不動産 ……135
共有持分一覧表記載	共有持分一覧表記載 ……11
共有物分割禁止	共有物分割禁止の条項 ……118
共有名義	共有名義 ……10
協力しない者	協力しない者がいる場合 ……136
寄与分	……42
	寄与分の主張 ……35
	寄与分の調査の結果の開示の方法 ……44
	寄与分の申立ての立件（疎明・証明） ……42,143
	寄与分の割合の具体的な実務基準はどうか ……44

寄与分	特別受益及び寄与分の主張整理、取扱い方法 ……41
	特別受益及び寄与分の調査の結果の開示 …44
記　録	**記録の閲覧謄写** ……
銀　行	銀行からの借入金 ……111
	払戻し以後に紛争が生じても銀行に迷惑をかけない旨の念書 ……109
	預貯金の残高証明書（銀行・郵便局の） …2
銀行実務	**相続開始と銀行実務** ……109
金銭消費貸借	金銭消費貸借の代物弁済 ……114
金銭的主張	**双方の金銭的主張が大きく離れている場合** …… 169
く　じ	くじびきで決める。 ……176
国（財務省）	物納のための国（財務省）に所有権移転登記する。 ……
グループ分け	当事者のグループ分けとその落穴 ……21
計　算	法定相続分の計算 ……4
経営権	経営権を握りたい当事者 ……123
	経営権をもちたい側の人 ……123
継続期日	…… 157
継続協議	中間期日調書に継続協議を行うという付随の事項を併記することはしばしば主張を変える当事者には有効である ……53
契　約	契約の方法 ……106
懈　怠	戸籍が真正な身分関係を表示していない原因は錯誤、虚偽、懈怠の場合がある …25
	錯誤・虚偽・懈怠 ……25
懈怠約款	懈怠約款（失権約款）をつける効用 ……170
決算書	過去5年間の決算書（同族会議の株式評価・鑑定のため） ……123
決定的資料	決定的資料が提出されたとき ……184

権　利	自分の権利はまず自分が守らなければならない	36
ゲンコセキ		3
原戸籍	原戸籍↔ハラ戸籍	3
現地調停		37
検認	**未検認の遺言書の提示**	108
現物分割	現物分割を主張する可能性（非上場小規模会社の代償分割の困難さ）	123
現物分割	借地権の現物分割	120
現物分割	**土地の現物分割の測量、分筆手続及びその費用負担**	49
権利の実現	母国法の権利の実現に容易である	133
戸　籍	戸籍が真正な身分関係を表示していない原因は錯誤、虚偽、懈怠の場合がある	25
	戸籍上は推定相続人でない場合	26
	被相続人や相続人の戸籍や住所、遺産の所在地	133
香　典	見なし遺産、見なし債務（葬儀費用・香典・死亡退職金）	75
好　機		161
後見機能	家庭裁判所の後見機能も重要（高齢配偶者扶養の問題と遺産分別）	118
甲号証		13
交互面接		79
公示地価	公示地価（国土庁）↔不動産の評価	46
公　図	地図（公図）	35
公　図		35
公証力	公証力（中間期日調書の効力は？）	52
公正証書遺言	公正証書遺言では遺言書を無効とすることは無理	30
	公正証書遺言では遺贈の放棄は無理	52
公正証書遺言無効	公正証書遺言無効の訴訟を提起する	53

香　典	香典の明細書……………………………36
	葬儀費用（香典）………………72,75,109
口　頭	口頭や期日ごとのメモ…………………64
合同面接	……………………………………………79
公認会計士	**公認会計士（専門委員）**………………46
公　平	公平ということ…………………………40
高齢配偶者	高齢配偶者の死亡時までの使用貸借契約の設定………………………………118
	遺産分割と高齢配偶者（２分の２取得）がいる場合……………………………117
高齢配偶者扶養	家庭裁判所の後見機能も重要（高齢配偶者扶養の問題と遺産分別）…………118
国税庁	路線価（国税庁）による評価……………46
後　妻	**後妻の立場から**…………………………162
	後妻の立場の主張………………………163
後妻名義	**後妻名義の多額の預金がある**…………116
個人経営	**個人経営の同族会社の相続、企業承継問題もある。**…………………………122
戸籍上離婚	配偶者であるのに戸籍上離婚されている者は判決を得て戸籍を正してはじめて当事者となれる………………………27
戸籍謄本	戸籍謄本で当事者を確かめる……………3
	被相続人の戸籍謄本………………………2
固定資産税評価額	固定資産税評価額（自治省・地方自治体）……………………………………………46
固定資産税評価証明書	固定資産税評価証明書が役に立つ……12,35
固定資産税評価証明書	固定資産税評価証明書は登記簿と同じくらい役に立つものです………………………2
固定資産評価証明書	未登記不動産を証明するには固定資産評価証明書でもできる……………………35
固　有	**固有の資産**………………………………31

婚　姻　　**婚姻の無効** ……………………………………25
婚姻費用　　婚姻費用の分担は遺産分別のときにどう評価されるか ……………………………43

さ 行

西　鶴　　**櫻陰比事（井原西鶴）** ………………………94
最高裁判所　　最高裁判所の図書館の資料も利用すればよい ……………………………………133
財産管理人　　不在者の財産管理人 ……………………104
財産管理人　　不在者財産管理人 ………………………104
財産評価基本通達　　財産評価基本通達 ……………………125,154
祭祀承継問題　　祭祀承継問題を遺産分割で持込まれた場合 ……………………………………… 187
啐啄《ざいたく》一致　　……………………………………… 161
再転相続　　再転相続とはどういうことか（相続人が相続しないで死亡した場合） ……………26
在日韓国人　　在日韓国人が死亡した場合の相続・遺産分別 ……………………………………133
裁判所書記官　　裁判所書記官が作成した調書の意味（その法律的効力） ……………………………52
債務引受弁済契約　　債務引受弁済契約の内容の例 …………112
債務引受弁済契約証書とは何か …………111
証　書
錯　誤　　戸籍が真正な身分関係を表示していない原因は錯誤、虚偽、懈怠の場合がある …25
錯誤・虚偽・懈怠 ……………………………25
詐　術　　**詐術を弄する当事者の場合** ………………180
参加人　　当事者、参加人及び相続分 ………………145
残高証明書　　相続開始時の預貯金の残高証明書 …………35
残高証明　　預金の残高証明 ……………………………36
残高証明書　　預貯金の残高証明書（銀行・郵便局の）　…2
資　産　　固有の資産 ………………………………31

死　亡　　被相続人の死亡当時の本国法による ……133

C号証　　………………………………………13

潮どき　　……………………………………… 161

仕切屋　　**仕切屋への対応** ……………………171

死後認知　　**死後認知** …………………………27

死後認知の裁判　　調停成立後に死後認知の裁判が確定した場合の調停の効力はどうなるか …………27

事　実　　事実の調査報告書 ……………………2

事実調査　　事実調査はどう行うか ………………14

事実調査はほとんど行われない ……………14

事実認定　　事実認定を誤り易い …………………43

事実の調査　　事実の調査の終り ……………………77

調停委員が「事実の調査」を行うとき ……………………………………………63

事実の聴取　　調停委員の事実の聴取 ………………42

事情聴取　　当事者の事情聴取 ……………………78

実　印　　実印で印鑑証明をする ………………109

失権約款　　懈怠約款（失権約款） ………………170

執行力　　……………………………………… 128

失踪宣告　　………………………………………旧80

死亡退職金　　死亡退職金は遺産になるか。生前退職金は ……………………………………75,114

死亡退職金は遺産ではない（判例） ……………………………………115,195

見なし遺産、見なし債務（葬儀費用・香典・死亡退職金） ……………………75,195

生前退職金と死亡退職金は遺産になるのか ………………………………………… 114

死亡保険金　　死亡保険金は非課税財産（500万円×法定相続人） ………………………………195

司法的機能　　……………………………………… 1

借地契約　　借地契約及びその土地の登記簿謄本 ………35

借地権　遺産に借地権がある場合、対地主との関係 ……120
借地権の現物分割 ……120
借入金　銀行からの借入金 ……111
借入金債務　借入金債務の表示 ……112
謝罪要求　**相手当事者に対する謝罪要求があった場合** ……188
主　張　**主張・提案の回答の求め方** ……160
主張の整理表 ……13
受遺者　受遺者が遺贈をいったん拒否して遺産をもらわないことにする（節税対策） ……29
住　所　被相続人や相続人の戸籍や住所、遺産の所在地 ……133
重　婚　**重婚でない内縁の妻の地位** ……103
住民票　**住民票の写し** ……3,8,9
重要事項　重要事項の確認 ……39
重要事項の確認に用いる言葉 ……156
受益権　**受益権の評価** ……124
主張整理　特別受益及び寄与分の主張整理、取扱い …41
出　頭　……17
出頭確保　当事者の出頭確保 ……55
取得者　**一部分割の突出した取得者** ……127
取得割合　法定相続分プラス遺留分の取得割合 ……131
準拠法　韓国籍の被相続人についてはすべて韓国の相続法が適用される（準拠法） ……133
純資産評価方式　純資産評価方式 ……122
準備書面　……40
書　面　書面を相手方に渡さないこと ……40
調停前の仮の措置を求めるとの書面 ……128
証　明　未登記不動産を証明するには固定資産評価証明書でもできる ……35
渉外遺産分割　渉外遺産分割に関する進行管理事務 ……148

渉外遺産分割調停事件　渉外遺産分割調停事件 ……133
小規模会社　同族で経営する小規模会社の非上場株式の代償分割 ……123
条項案　**条項案の摺合わせ** ……56
証拠関係書類　証拠関係書類 ……13
証拠資料　証拠資料 ……43
証拠説明書　証拠説明書の提出 ……76
上申書　……40
使用貸借契約　高齢配偶者の死亡時までの使用貸借契約を設定 ……118
譲渡証書　譲渡証書の写し ……106
譲　歩　…… 164
将来の不確定要素　将来の不確定要素 ……118
除斥謄本類　除籍謄本類 ……2
所有権移転　所有権移転の登記 ……10
所有権移転登記　物納のための国（財務省）に所有権移転登記する。 ……114
審　判　**審判において分割の対象とならない財産** ……109
審判前の保全処分の申立て ……109,128
進行管理事務　渉外遺産分割に関する進行管理事務 ……148
進行中の見極め　**進行中の見極めと、方向づけ** ……68
進行引延し　進行引延しを図る当事者の場合 ……178
進行方針　……14
真正な相続人　……25
真正な身分関係　戸籍が真正な身分関係を表示していない原因は錯誤、虚偽、懈怠の場合がある …25
親族間の紛争解決　……54
親族間の紛争調停事件の申立て　……29
親族間紛争　…… 135

信託遺産		124
	信託遺産（不動産）の分割	124
審判移行		154
審判事項	遺留分放棄の申述の許可は審判事項で、調停ではできない	109
審判申立事件	**審判申立事件の管轄**	8
推定相続人	戸籍上は推定相続人でない場合	26
正式記録		83
聖者の堕落		167,168
生前退職金		115
生前退職金	**生前退職金と死亡退職金は遺産になるのか**	114
税務署長	税務署長の許可	113
税務署に物納申請	当事者全員が税務署に物納申請する	113
税理士	専門委員（税理士・公認会計士	46
成立調書		11,52
	成立調書の当事者の表示	106
成立調書作成		54
成立直前	**成立直前の調停期日**	55
説　得	調停委員の説得と話合いの技術	151
節税対策	受遺者が遺贈をいったん拒否して遺産をもらわないことにする（節税対策）	29
		29
説得の方法		152
説得の類型と順序	説得の類型と順序	152
前　件		14,24
	前件の記録手控え	24
	前件の利用	84
全員同席		40
先制譲歩戦術		164
専属専任媒介契約	専属専任媒介契約（不動産仲介業者）	50
前提問題	**遺産分割の前提問題をまず**	23,34,143

	前提問題一時棚上げの主張 ……………………33
全日本葬祭業協同組合連合会	全日本葬祭業協同組合連合会 ……………186
専任媒介契約	専任媒介契約（不動産の売買） ……………50
全部事項証明書	不動産登記の全部事項証明書 ………………9
専門委員	公認会計士（専門委員） ……………………46
	専門委員（税理士・公認会計士 ……………46
	専門委員の関与〔簡易評価〕 ………………46
専門委員（不動産鑑定士・公認会計士）	**専門委員が関与する場合** ……………………47
相関関係図	**相続関係図（相続人を決める）** ……………4
早期解決	早期解決を望まない者 ………………………16
葬儀費用	葬儀費用及びこれに付随する費用 ………186
	葬儀費用の確定 ……………………………186
	葬儀費用の平均 ……………………………186
	見なし遺産、見なし債務（葬儀費用・香典・死亡退職金） ……………………………75
葬儀費用とその付随費用	葬儀費用（香典） ………………72,75,109
葬祭費	……………………………………………………36
相続開始	銀行実務と相続開始から終りまで ………109
	相続開始時の預貯金の残高証明書 …………35
相続株式の評価	株主名簿（相続株式の評価のとして） …122
相続債権	…………………………………………………… 109
	相続債務は相続債権である預貯金などと取扱いが違う ………………………………111
相続財産管理人	相続財産管理人と不在者財産管理人が遺産分別調停事件で合意する手続 ………104
相続債務	……………………………………75,109,111
	相続債務は相続債権である預貯金などと取扱いが違う ………………………………111

相続税		113,147
相続税申告書	相続税申告書	35
相続税の物納	遺産の範囲と相続税の物納の相互関係の考え方と対応の仕方	113
相続人	再転相続とはどういうことか（相続人が相続しないで死亡した場合）	26
	相続人である者の国籍が韓国である場合の分割	133
	相続人の範囲	24,69
	被相続人や相続人の戸籍や住所、遺産の所在地	133
相続人関係図	相続人関係図を作るとよい	71
相続人の範囲	判決により相続人の範囲から排除する場合（摘出否認・親子関係不存在・認知無効・養子縁組無効・婚姻無効など）	25
相続分	**相続分の譲渡の性質と方法**	106
	相続分の放棄と相続放棄の違い	107
	相続分の放棄と相続放棄の違い相続の放棄は違う。	107
	当事者、参加人及び相続分	145
相続分計算の解答	相続分計算の解答	149
相続分譲渡	調停中の相続分譲渡による脱退届の提出	107
相続分の放棄	相続分の放棄の必要性	107
相続法	**各国の相続法**	133
相続放棄	相続分の放棄と相続放棄の違い	107
	相続分の放棄と相続放棄の違い相続の放棄は違う。	107
相続目的	有効な遺言書があるのにこれと内容の著しく異なる分割の調停が可能か（相続目的）	29

争点整理　調停のための争点整理をして三者が共通の理解の上に立って話し合えるようにする ……43
争点の取上　**争点の取上の順序** ……155
双方代理　**双方代理を許諾する旨の印鑑証明書付きの書面をつくっておく。双方代理の禁止に触れないように** ……55
双方代理の禁止　双方代理を許諾する旨の印鑑証明書付きの書面をつくっておく。双方代理の禁止に触れないように ……55
贈与時　贈与時の価格 ……117
訴訟結果のリスク　訴訟結果のリスク ……183
訴訟事項　遺留分減殺請求事件は最終的には訴訟事項として取り扱われる ……131

た 行

第１回調停期日 ……17
第１回調停期日前　第１回調停期日前にいわゆる「曳き船」状態でつながっていないか調べておく ……15
代金分割　調停成立後の遺産不動産売却とその代金分割の合意 ……121
第三者の存在　遺産不動産について所有権を主張する第三者の存在とその排除 ……65
代襲相続人 ……20
代襲相続 ……26
代償金 ……48,136
　代償金の支払い意思と能力の確認 ……76
　代償金の支払方法 ……56
代償金額　代償金額の合意 ……173
代償金支払能力　代償金支払能力のないとき ……117
代償財産 ……48

代償分割	現物分割を主張する可能性（非上場小規模会社の代償分割の困難さ）	123
	同族で経営する小規模会社の非上場株式の代償分割	123
対世的効力		54
代表取締役	名目上だけの代表取締役	113
代物弁済	金銭消費貸借の代物弁済	114
タイムリミットの設定	タイム・リミットの設定	161
代理人	遺言執行者は誰の代理人か	105
	当事者本人及び代理人以外の者の調停委員会への出席の利害得失	80
多数当事者がいる場合の期日指定	多数当事者がいる場合の期日指定	38
脱退当事者		107
脱退届	調停中の相続分譲渡による脱退届の提出	107
建　物	未登記の不動産の場合（建物の場合がほとんど）	11
	未登記の不動産の場合（建物の場合がほとんど）	11
棚上げ	**棚上げの方法**	34
単独調停	委員会調停と家事裁判官の単独調停がある	14
	家事審判官の単独調停←委員会調停	14
	単独調停に付する旨の家事審判官の告知	60
地　図	地図（公図）	35
地　代	地代を供託中であるようなことがある	120
嫡出否認		25
中間期日（中間合意）調書	中間期日（中間合意）調書を作成する場合	51
中間期日調書	**公証力（中間期日調書の効力は？）**	52

	中間期日調書 ……………………………156
	中間期日調書に継続協議を行うという付随の事項を併記することはしばしば主張を変える当事者には有効である ………53
中間期日調書	中間期日調書を作成 ……………………34,49
中間合意	……………………………………………54
中間合意書	中間合意書は確定した判決（審判）と同一の効力は有しない。公証力はある ………52
中間合意調書	……………………………………………12
抽　籤	抽籤はだれをも苦しめない選び方である ……………………………………… 175
調　査	特別受益及び寄与分の調査の結果の開示 …44
調　停	遺言無効確認の調停 ……………………30
	遺留分放棄の申述の許可は審判事項で、調停ではできない ……………………109
	調停で一部分割 …………………………128
	調停では分割可能 ………………………109
	調停のための争点整理をして三者が共通の理解の上に立って話し合えるようにする ……………………………………43
	調停の本質になじまない事件 …………31
	調停をしない措置（略して「なさず」という） …………………………………… 103
	有効な遺言書があるのにこれと内容の著しく異なる分割の調停が可能か（相続目的） …………………………………29
長　男	**長男の立場からの主張の対応** ……………162
	長男の立場から …………………………162
調査結果	調査結果の開示方法 ……………………41
調査嘱託	……………………………………………36
調査報告書	事実の調査報告書 …………………………2
	調査報告書 …………………………………13

調整金 ……………………………………………… 156
調　停　**調停が不成立のときの期日ですること**……61
調停案　調停案の提示者 ……………………………188
調停委員　**相調停委員（相方調停委員）との相互理解が大切である。** ………………………77
相調停委員が欠席する場合 ……………………59
調停委員が「事実の調査」を行うとき ……………………………………………63
調停委員に対し恫喝的・侮辱的言動をとる当事者の場合 ……………………………177
調停委員の事実の聴取 ……………………………42
調停委員の説得と話合いの技術 ……………151
評議（調停委員による） …………………………26
調停委員会　**調停委員会の案が拒否された** ……………189
調停委員会の評議 ………………………………27
当事者本人及び代理人以外の者の調停委員会への出席の利害得失 ……………………80
調停委員会案　**調停委員会案の提示の時期** ………………188
調停期日　**継続中の調停期日を充実** ……………………39
成立直前の調停期日 ………………………………55
調停事件記録　**調停事件記録の保存期間は事件終了後5年である** ………………………………………85
調停事件終了後5年　調停事件記録の保存期間は事件終了後5年である ………………………………………85
調停事件の類型　遺産分割の周辺の調停事件の類型 ………135
調停成立　**調停成立後に死後認知の裁判が確定した場合の調停の効力はどうなるか** …………27
調停成立後の遺産不動産売却とその代金分割の合意 ……………………………………121
調停成立　調停成立後の売却換価による分割の方法は避けるべきである ……………………122
調停前　**調停前の仮の措置の実効性** …………………128

調停前の仮の措置を求めるとの書面 ……128
調停先行 ……………………………………………… 8
調停前置 ……………………………………………30
調停中 **調停中の相続分譲渡による脱退届の提出** ……………………………………… 107
調停手続 **調停手続を一時中止して** ……………………24
調停能力 当事者の調停能力 ………………………………36
調停の効力 調停成立後に死後認知の裁判が確定した場合の調停の効力はどうなるか …………27
調停のための争点 調停のための争点は何を見極める …………14
調停前の仮の措置 仮の措置を命ずる審判（執行力・強制力はない）→調停前の仮の措置を求めた場合 ……………………………………… 128
賃　料 賃貸借契約をして配偶者に賃料を支払わせるやり方 ……………………………118
賃貸借契約 賃貸借契約をして配偶者に賃料を支払わせるやり方 ……………………………118
強　気 強気の主張 ………………………………174
提　案 主張・提案の回答の求め方 ………………160
提出書類 当事者の提出書類 ……………………………40
提出書類の取扱い 提出書類の取扱い ……………………………40
抵当権設定手続 抵当権設定手続 ………………………………113
定年退職者、専業主婦の不動産取得 ……………………………………………77
手数料 ……………………………………………50
電子情報処理システム 電子情報処理システム ………………………10
登　記 所有権移転の登記 ……………………………10
未登記の不動産の場合（建物の場合がほとんど） ……………………………………11

登　記	未登記不動産を証明するには固定資産評価証明書でもできる ……35
同一手続内	同一手続内での解決 ……132
等価交換	…… 120
恫喝的・侮辱的言動	調停委員に対し恫喝的・侮辱的言動をとる当事者の場合 ……177
登記簿	固定資産税評価証明書は登記簿と同じくらい役に立つものです ……2
登記簿謄本	借地契約及びその土地の登記簿謄本 ……35
登記簿謄本	不動産の登記簿謄本 ……2
東京家裁裁判所	**東京家庭裁判所の資料室も参考に** ……133
同居生活と特別寄与	特別寄与と同居生活 ……119
当事者	戸籍謄本で当事者を確かめる ……3
	詐術を弄する当事者の場合 ……180
	しばしばと主張を変える当事者の取扱い …53
	進行引延しを図る当事者の場合 ……178
	成立調書の当事者の表示 ……106
	当事者、参加人及び相続分 ……145
	当事者の誤りを指摘してはならない ……158
	当事者のグループ分けとその落穴 ……21
	当事者の事情聴取 ……78
	当事者の出頭確保 ……55
	当事者の調停能力 ……36
	当事者の提出書類 ……40
	当事者の回答書 ……13
	当事者の範囲 ……23
	内縁の妻は遺産分割調停事件の当事者になれるか ……103
	配偶者であるのに戸籍上離婚されている者は判決を得て戸籍を正してはじめて当事者となれる ……27

	不正戦術を用いる当事者への対応 ………177
	当事者間で不毛の議論 ……………………181
当事者全員	当事者全員が税務署に物納申請する ……113
当事者双方	当事者双方の態度により早い段階で進行の見極めをつける ……………………………23
当事者本人	**当事者本人及び代理人以外の者の調停委員会への出席の利害得失** …………………80
当事者目録	……………………………………………… 4
投射テスト交渉	………………………………………………42
当然審判事件	**当然審判事件に移行** ……………………135
同　族	**同族で経営する小規模会社の非上場株式の代償分割** ………………………………123
同族会議	過去6年間の決算書（同族会議の株式評価・鑑定のため） ………………………123
同族会社	個人経営の同族会社の相続 ……………122
独善的過誤	………………………………………………79
特別寄与と同居生活	……………………………………………… 119
特別寄与の類型	特別寄与の類型 ……………………………118
特別受益	寄与分及び特別受益 ………………………143
	…………………………………………35,42
	特別受益及び寄与分の主張整理、取扱い …41
	特別受益及び寄与分の調査の結果の開示 …44
特別代理人	特別代理人の必要 …………………………108
土地家屋調査士	………………………………………………49
取下げの事由	**前件の取下げの事由** ………………………14
取引明細書	取引明細書の発行を拒否 …………………36
取戻財産	遺産が遺留分減殺請求調停の取戻財産である場合 ……………………………………131
	取戻財産（遺留分） ………………………131

な 行

内縁の妻	遺産形成に尽力した内縁の妻は調停に参加できるか？ ……81
	重婚でない内縁の妻の地位 ……103
	内縁の妻 ……103
	内縁の妻は遺産分割調停事件の当事者になれるか。 ……103
	死亡による内縁の妻の解消に伴う財産分与と遺産分割 ……103
なさず	調停をしない措置（略して「なさず」という） …… 103
生兵法	生兵法は大疵のもと ……43
名寄帳	……10
23条審判	23条審判 ……27
人間関係調整機能	人間関係調整機能 ……1
認知無効	……25
念　書	**念書の取り交わしをする場合** ……190
	払戻し以後に紛争が生じても銀行に迷惑をかけない旨の念書 ……109

は 行

売却換価による分割	調停成立後の売却換価による分割の方法は避けるべきである ……122
売却期限	売却期限、売却不可能の場合の再協議条項 …… 122
売却不可能	売却期限、売却不可能の場合の再協議条項 ……122
配偶者	賃貸借契約をして配偶者に賃料を支払わせるやり方 ……118

配偶者	**配偶者であるのに戸籍上離婚されている者は判決を得て戸籍を正してはじめて当事者となれる。**……27
配当還元方式	……122
ハッタリ	……164
話合いの技術	調停委員の説得と話合いの技術 ……151
払戻し	払戻し以後に紛争が生じても銀行に迷惑をかけない旨の念書 ……109
腹芸の禁止	あうんの呼吸・腹芸の禁止 ……156
ハラ戸籍	原戸籍↔ハラ戸籍 ……3
ハラコセキ	……3
判　決	**判決により相続人の範囲から排除する場合（嫡出否認・親子関係不存在・認知無効・養子縁組無効・婚姻無効など）**……25
	配偶者であるのに戸籍上離婚されている者は判決を得て戸籍を正してはじめて当事者となれる。……27
判決（審判）	中間合意書は確定した判決(審判)と同一の効力は有しない。公証力はある。……52
半血（疑似）	……8
B号証	身分関係の書証（A号証)、不動産関係の書証（B号証）……13
控　室	控室で検討する時間 ……160
曳き船	第1回調停期日前にいわゆる「曳き船」状態でつながっていないか調べておく。……15
曳き船事件	曳き船 ……15
非訟事件	非訟事件（訴訟手続きによらない民事事件）……36
非上場会社	**非上場会社株式の評価は相続税申告の際の税務署の評価を基準としている。**…122

非上場株式	同族で経営する小規模会社の非上場株式の代償分割 ……123
	非上場会社の株式の分割 ……122
	非上場株式の評価 ……122
非上場小規模株式会社	現物分割を主張する可能性（非上場小規模会社の代償分割の困難さ） ……123
被相続人	被相続人が、不倫の相手を養子としている場合 ……183
	被相続人の死亡当時の本国法による。 …133
	被相続人の年回忌を成立時機とする ……161
	被相続人の戸籍謄本 ……2
	被相続人や相続人の戸籍や住所、遺産の所在地 ……133
被相続人名義	被相続人名義の貸し金庫の開扉の手続 …110
非嫡出子	……27
筆　跡	**筆跡の真否** ……31
評　議	調停委員会の評議 ……27
	評議（調停委員による） ……26
表見相続人	……25
不　倫	被相続人が、不倫の相手を養子としている場合 ……183
夫婦関係調停	夫婦関係調停（離婚）事件 ……22
夫婦関係調停事件	夫婦関係調停事件 ……12
不確定要素	将来の不確定要素 ……118
不均衡	不均衡な分割 ……127
複数期日	複数期日の設定 ……56
副本の交付	申立書の副本は渡さない。 ……40
	双方に弁護士代理がいるときは申立書の副本を交付することもある ……40
副本の交付	家事調停事件の副本は相手方に送付されない。 ……40
不在者	不在者の財産管理人 ……104

不在者財産管理人　相続財産管理人と不在者財産管理人が遺産分別調停事件で合意する手続 ………104
不在者財産管理人　不在者財産管理人 ………104
不真正連帯債務者　不真正連帯債務者 ………106
不正戦術　不正戦術を用いる当事者への対応 ………177
不成立　………31
調停が不成立のときの期日ですること ……61
不成立による終了 ………61
不足資料　**不足資料のリスト** ………14
物権共有　……… 132
物　納　係争中のものについては物納は許可されない ………114
物納のための国(財務省)に所有権移転登記する ………114
不動産を物納する場合 ………113
物納物件　**物納物件の変更** ………113
不動産　共有しておいた不動産 ………135
信託遺産（不動産）の分割 ………124
不動産の換価分割 ………121
不動産の登記簿謄本 ………2
不動産を物納する場合 ………113
不動産価額　不動産価額 ………173
不動産関係　不動産関係の書証（B号証)、身分関係の書証（A号証） ………13
不動産関係の書証　身分関係の書証（A号証)、不動産関係の書証（B号証） ………13
不動産鑑定士　不動産鑑定士 ………46
不動産鑑定士である家事調停委員の意見開陳 ………45
不動産信託　不動産信託期間中に被相続人が死亡したとき ……… 124
不動産登記　**不動産登記の全部事項証明書** ………9

不動産登記簿謄本 ……9,12

不動産の売却担当者 売却担当者に対する委任条項 ……122

不動産評価 不動産評価について争いのある場合 ……45

不動産を任意売却する場合 調査進行中に不動産を任意売却する場合 …49

不毛の応酬 …… 182

扶　養 ……43

扶　養 **扶養の問題** ……117

不　倫 被相続人が、不倫の相手を養子としている場合 ……183

分　割 信託遺産（不動産）の分割 ……124

分割の基準について民法に定めがある。 …… 101

分割の希望 ……72

分割の方法 ……67

不均衡な分割 ……127

分割可能 調停では分割可能 ……109

分割協議前 分割協議前にみつかっていなかった財産 …… 126

分割調停前にみつかっていなかった財産 …… 126

分筆手続 土地の現物分割の測量、分筆手続及びその費用負担 ……49

別　件 別件で申立て ……30

別件の一般調停申立（遺産に関する紛争解決、親族間の紛争解決） ……54

別事項の指定 **同一の日の別時刻の指定** ……38

弁護士代理人 弁護士代理人 ……19,182

本人と弁護士代理人との間に主張や考え方の食い違い ……182

包括遺贈 遺産全ての包括遺贈 ……118

報告書　……………………………………………………40
法定相続分　**法定相続分の計算**　…………………………4,5
法定相続分プラス遺留分の取得割合　……131
母国法　母国法の権利の実現に容易である　………133
保全処分　審判前の保全処分の申立て　………………129
保存期間　調停事件記録の保存期間は事件終了後5年である。……………………………………85
保存行為　……………………………………………………10
本　人　本人と弁護士代理人との間に主張や考え方の食い違い　…………………………182

ま 行

前向きの方向で　「前向きの方向で」　などと言わない　…159
未検認　**未検認の遺言書の提示**　……………………108
未上場株式　会社内部の未上場株式の売買事例（持株組合）　…………………………………………123
未登記　**未登記の不動産の場合**（建物の場合がほとんど）　………………………………………11
未登記不動産　未登記不動産を証明するには固定資産評価証明書でもできる　…………………………35
見取図の作成　遺産不動産の見取図の作成と写真の提出要請　……………………………………………37
見取り図面上　見取図面上での特定　…………………120
見なし遺産　見なし遺産、見なし債務（葬儀費用・香典・死亡退職金）　…………………………75
見なし債務　見なし遺産、見なし債務（葬儀費用・香典・死亡退職金）　…………………………75
見なし債務　……………………………………………75
身分関係　不動産関係の書証（B号証）、身分関係の書証（A号証）　………………………………13

身分関係　不動産関係の書証（B号証）、身分関係の書証（A号証）　………………………………13

身分関係の書証　身分関係の書証（A号証)、不動産関係の書証（B号証） ……13
民　法　分割の基準について民法に定めがある …… 101
民事訴訟事項　民事訴訟事項 ……135
民事部会　民事部会 ……148
無　効　遺言の無効 ……30
婚姻の無効 ……25
養子縁組無効の訴訟 ……25
申立書　**申立書の副本** ……40
申立人　……20
相手方が申立人に協力しない場合 ……136
申立人と相手方の区別 ……20
申立費用　申立費用は900円 ……24
申立人本人　……18
持株組合　会社内部の未上場株式の売買事例（持株組合） …… 123
持株統合　会社の社員の持株統合 ……123
持戻し　……42
持戻し義務免除 ……117

や 行

約　束　約束を履行しない ……136
ユ　ダ　**ユダの改悛** ……167
郵便局　預貯金の残高証明書（銀行・郵便局の） …2
養　子　被相続人が、不倫の相手を養子としている場合 ……183
養子縁組　養子縁組無効の訴訟 ……25
預　金　預金の残高証明 ……36
預金は可分債権である（判例） ……109
預金を隠匿している ……136
預金、預貯金 ……32,75,109

預貯金 相続開始時の預貯金の残高証明書 …………35
相続債務は相続債権である預貯金などと
取扱いが違う ……………………………111
預金、預貯金 ………………………32,75,109
預貯金の残高証明書（銀行・郵便局の） …2

ら 行

離　婚 夫婦関係調停（離婚）事件 …………………22
離　縁 養子であるが戸籍上離縁されている者で
ある「隠れた相続人」は判決を得て戸
籍を正してはじめて当事者となれる ……27
利　益 進行しないことによる利益の存在 ………179
利害関係人 ………………………………………………28
利害得失 利害得失の調整 …………………………1
利子税 ……………………………………………… 154
老人施設 ケア付マンション等の老人施設 …………119
路線価 路線価（国税庁） …………………………46